台灣東洋畫探源

The Origins of Toyoga in Taiwan

2000.6.3～8.27

特別感謝財團法人林本源中華文化教育基金會獨家贊助本展

Special thanks to the Lin Pen-Yuan Cultural and Educational Foundation for their exclusive sponsorship

 臺北市立美術館
TAIPEI FINE ARTS MUSEUM

目次
Contents

館長序

目前台灣美術史學界對於日治時期西洋畫的研究已累積相當成果，但對於東洋畫（今稱之為膠彩畫）的研究，卻仍處於田野調查與資料建檔的階段。為了建構更完整的台灣美術發展樣貌，本館於一九九八年四月起，著手進行「日據時期台灣膠彩畫探源」的三年研究計劃，在公元兩千年世紀更替之時，更籌辦「台灣『東洋畫』探源」大型研究展，旨在針對日治時期獨特的時代性藝術產物：「台灣東洋畫」，進行較為全面的審視與整理。

東洋畫名稱正式出現於台灣，始於一九二七年第一屆台展的「東洋畫部」；「東洋」泛指印度、台灣、中國、朝鮮及日本等地區，其所涵蓋的藝術範疇除了日本明治時期以來慣稱的「日本畫」之外，亦包含了日本南畫及中國式水墨畫等多元表現形式，而這個一九二七年以後才開始在台發展的新興畫科，特別強調近代繪畫寫實寫生的新觀念，繼而鼓吹藝術家盡力發掘自我風格及地方特色。而戰後受到特殊時代背景及「國畫‧日本畫論爭」的影響，台灣「東洋畫」歷經「國畫」、「國畫第二部」、「日本畫」等指稱及創作內涵的扭曲後，在台灣美術史上難免出現了斷裂的現象。近年則由林之助先生提出「膠彩畫」這個名詞來涵蓋解釋此項複雜的時代產物。

為了強調時代性及歷史事實，本館採用「台灣東洋畫」為展覽標題，而這項展覽最大的特色與企圖，是將目前可能發掘到的、散落於台灣各處的日治時期東洋畫精品，作一次大規模的集中展示。限於研究資料仍有不足以及展覽籌辦的時效性，此展以活躍於「台灣美術展覽會」（1927-1936）及「台灣總督府美術展覽會」（1938-1943）的畫家為主，除了相關報導資料較為齊全之外，其作品保存至今且能夠提供展出的機會也較高。經過本館工作人員數月探訪，走遍北、中、南台灣，並且遠赴日本長野縣拜訪藝術家家屬，終於順利搜羅徵得包括鄉原古統、木下靜涯等三十六位台、日籍重要畫家，計約一百餘件精彩作品，其中除了參展藝術家的代表作品外，更囊括了十餘件與台灣觀眾睽違五、六十年的台、府展入選作品；此外由於數位重要畫家作品或為日人蒐購、或遭戰火侵襲、或因保存不當等等因素而致散佚，基於考量其在台灣美術史上的地位，即以目前存世最早且風格延續自日治時期之五〇年代作品展出。

本展整體規劃是以呈現當時台灣東洋畫的區域發展樣貌為主軸，依據畫家的活動地點及師承關係，大致區分為北台灣、中台灣、南台灣三區。而以區域劃分的展出形式，主要是希望藉由作品間的互相對話，除了可以突顯每位藝術家的獨自表現風格之外，還能從中探索畫家彼此間創作發展的相互關係。此展的另一特色是，透過藝術家當年的畫稿展示，將可呈現他們的學習軌跡，例如由蔡雲巖臨摹木下靜涯的畫稿，以及木下靜涯臨摹其師村瀨玉田畫作的練習稿，提供觀者探求藝術家創作歷程的清晰線索，資料彌足珍貴。而公元兩千年的這項展覽對觀眾而言，是一個難得的視覺饗宴；對研究者而言，是一次深度關照台灣美術發展的好機會；對美術館而言，這是深耕台灣文化園地的另一個起步。

此次展覽能夠順利進行，首先感謝財團法人林本源中華文化教育基金會的獨家贊助及最大的支持與配合，並特別感謝國立臺灣美術館、嘉義縣立文化中心梅嶺美術館、以及所有慨然出借畫作的收藏者，這些畫作都是無可取代的藝術珍寶。最後，對於百忙中為本展專輯撰文的學者，以及參與研究案與展覽籌辦的館員，致上誠摯的謝意。

林曼麗
台北市立美術館館長

4

PREFACE

At present much academic research has been carried out into the history of western style painting in Taiwan during the period of Japanese rule (1895-1945). This stands in marked contrast to *Toyoga* (more commonly referred to today as gouache painting), work on which has long given the impression of being firmly stuck in the initial fieldwork and information collection stage. It was with the express purpose of correcting this imbalance and presenting a more complete picture of the development of art in Taiwan that in April 1998 the Taipei Fine Arts Museum (TFAM) launched a three-year research project "Origins of Gouache Painting in Taiwan During the Period of Japanese Rule". This was followed on the eve of the New Millennium with a large research exhibition "The Origins of *Toyoga* in Taiwan", which sought to present a more comprehensive examination of a unique artistic product of Japanese rule in Taiwan - "Taiwanese *Toyoga*".

The first official record of *Toyoga* in Taiwan came with the *Toyoga* Section of the 1st "Taiwan Fine Arts Exhibition (*Taiden*)" held in 1927. The prefix *Toyo* broadly refers to a geographical area that includes India, Taiwan, Mainland China, Korea and Japan. As an art medium it also covered a broad sweep of diverse expressive forms, from what since the Meiji Era has been commonly referred to as *Nihonga*, to Japanese *Nanga* and Chinese style ink painting. As this new art school began to flourish in Taiwan after 1927 it gave particular focus to the new modern painting concept of portraying reality. It also encouraged artists to focus on discovering their own style and local character. However, the special circumstances of the post Second World War period and the ensuing struggle between "Chinese and Japanese painting" resulted in "Taiwanese *Toyoga*" being variously labeled "Chinese Painting", a "Second Type of Chinese Painting" or "Japanese Painting". At the same time, the creative history of *Toyoga* in Taiwan was also distorted, effectively isolating and detaching it from the mainstream history of local artistic development. More recently, Mr. Chi-chu Lin has proposed that this situation can be rectified by using the term "gouache painting" to replace *Toyoga* and is therefore a better tool for explaining what was a complex product of its times.

In order to highlight the specific historical background and facts of this local art form, TFAM decided that the exhibition should be titled "*Toyoga* in Taiwan". The central ambition of the exhibition has from its inception has been to bring together for the first time the many quality *Toyoga* works from the period of Japanese rule, currently scattered all around Taiwan, and to exhibit these as part of a major exhibition. Given the fact that available research data remains limited and the time restrictions placed on any such exhibition, research work focussed on the "Taiwan Fine Arts Exhibition (*Taiden*)" (1927-36) and the "Taiwan Fine Arts Exhibition (*Fuden*)" (1938-1943). The number and quality of reports on these events make them an obvious focal point of interest, particularly as many of the works are still in existence and available for exhibition today. As a result of much hard work by staff at the TFAM, including countless trips to Northern, Central and Southern Taiwan and even as far afield as Nagano Prefecture in Japan, an impressive collection of over 100 excellent examples of the Taiwanese *Toyoga* genre were assembled. These works are by 36 important Taiwanese and Japanese artists, including Gobara Koto and Kinoshita Seigai. In addition to exhibiting many of the artists best works, a dozen or so paintings previously nominated in various categories for the *Taiden* and the *Fuden* will also be shown after a hiatus of 50-60 years from Taiwan. It is an unavoidable fact for any exhibition of this nature that many of the works by important artists of the time were purchased by Japanese collectors, damaged in the war or poorly preserved. As a result, a sizeable number of pieces were simply impossible to track down. Rather than just forget these works and given their position in the development of Taiwanese art, TFAM decided instead to make use of the earliest available works from the 1950's that display an extension of the style of the period of Japanese rule.

The main motif of the exhibition is to display the regional development of "Taiwanese *Toyoga*", based of the location of artist activity and the succession of teachings from masters to their pupils. To this end the exhibition is divided into three distinct sections; Northern, Central and Southern Taiwan. By thus exhibiting the works it is hoped to generate an interactive dialogue which will help to highlight the unique expressive style of each artist whilst also allowing us to determine in more detail their interrelationship and the common elements in their development. Another characteristic of this exhibition is the display of rough sketches by artists, which clearly show how they experimented and grew as they learned their new craft. Examples include Mr. Yun-yen Tsai's copies of Kinoshita Seigei's work, and the practice works of Kinoshita himself, copying the work of his own teacher Murase Gyokuden. Such work provides the audience with a clear roadmap through which they can identify for themselves the creative journey traveled by the artist. The availability of such rich resources is of immeasurable value to any art lover. This exhibition in the first year of the New Millennium presents a rare visual feast for the audience, whilst for researchers it is an opportunity to probe in more detail the development of art in Taiwan. For the TFAM this is yet another step in the pursuit of our central objective, namely the promotion and cultivation of local culture.

The successful organization and execution of this exhibition is in large part due to the exclusive sponsorship and considerable assistance of The Lin Pen-Yuan Cultural and Educational Foundation. We would also like to take this chance to thank the Taiwan Museum of Art, the Mei-ling Museum at the Chiayi County Cultural Center and all other collectors who were kind enough to lend us some of their works. The pieces on display at the "*Toyoga* in Taiwan" exhibition are without doubt irreplaceable art treasures of the first order. Finally, a mention for the many scholars and editing staff who have worked hard to complete a catalogue worthy of the exhibition and all staff who played a role in either the research work that preceded the exhibition or the exhibition itself. Success as always is a product of team work.

Mun-lee Lin
Director of Taipei Fine Arts Museum

台展時期東洋畫的地方色彩

顏娟英

1942 年第五回府展時，由《台灣公論》雜誌社召開台灣美術展座談會。參加者除了立石鐵臣、桑田喜好兩位畫家之外，還有當時對台灣文化極為關心的解剖學專家，台大教授金關丈夫，以及評論家，台北高商講師竹村猛。[1] 座談會的論題之一便是「日本畫的問題」。他們或稱「日本畫衰微說」，或稱「日本畫碰到瓶頸了。」就府展第五回而言，他們認為：東洋畫部的入選水準比較西洋畫部低，是缺乏創新性的發展，膠著於習慣的樣式。台府展的東洋畫表現不如西洋畫，恐怕是不爭的事實。以府展第五回入選作品來看，數量上東洋畫不及西洋畫的一半，而且東洋畫的入選率又比西洋畫高一倍以上；也就是說參加競賽的人少而錄取率高。[2] 再則畫壇上總是西洋畫畫家的畫風領盡風騷，繪畫團體中也是以西洋畫佔有優勢。

本文重點不在於比較東洋畫與西洋畫的發展，因為其中牽涉的背景因素非常深遠。本文盡量就現存的圖象與文獻討論幾位重要的領導人物，並試圖分析地方色彩的意義以及相關的努力主義等幾個經常提到的觀念。

東洋畫的意義

首先必需澄清「東洋畫」的意義。日本文展、帝展只有日本畫部並沒有東洋畫部。1927 年台展創立時，設置東洋畫部，有前例可循，亦即很可能是仿照朝鮮美術展 1922 年創辦時，設置東洋畫部以容納傳統的水墨畫家。[3] 不過鮮展最初確實展出四君子畫以及傳統山水。台展最初卻沒有這類作品，而是切斷水墨畫與書法傳統，直接從日本的畫風出發的。從客觀環境觀察，當時朝鮮的傳統書畫發展確實遠超過台灣。然而，台灣展空有東洋畫部之名，實際展出時卻高舉近代寫實觀念。

針對台展東洋畫部只出現狹義的日本畫現象，當時持反對意見的人也不少。例如書畫鑑賞家兼史學家，台灣日日新報漢文版主筆尾崎秀真 (1874-1949) 早在台展創辦之初，便表示對東洋畫發展方向的憂慮。他認為書畫一體的藝術傳統不可放棄，受西洋畫影響以寫生為主導的繪畫發展終將面臨瓶頸。[4] 台灣日日新報的台展重要評論人大澤貞吉

（1886 生，筆名鷗汀生）畢業於東京大學哲學系 (1913)，報社工作經驗豐富，執筆撰寫美術時總是很清楚地表明對於東洋畫傳統延續的關心。[5] 大澤貞吉在首回台展時便批評所謂東洋畫名不符實的問題：

> 執筆寫台展的美術批評，首先從「東洋畫」開始，這是因為實在很難理解特別稱之為「東洋畫」的理由，這些作品與其稱為東洋畫，不如稱作日本畫，如果一定要稱東洋畫，那麼一定要包括最廣義的東洋 (Oriental) 畫風的作品，例如四君子或南北宗的繪畫也適合。總之，必須在純粹日本畫之外廣泛地徵集東洋畫風的作品才可以稱為東洋畫部。希望從下回台展開始，認真地考慮調整方向。(1927.10.30[5])[6]

到底日本畫與東洋畫有何關係？明治時期為了對應不斷傳入的歐美文化與政治勢力，富國強兵、和魂洋才思想盛行。傳統繪畫流派也受到西洋繪畫的衝擊，面臨全面檢討，重新出發的要求。日本畫一詞本來是相對於西洋的油畫而言，但是隨著東京美術學校創辦校長，岡倉覺三（天心，1863-1913）的提倡日本美術復興而展開了新日本畫。岡倉和他的學生，橫山大觀 (1868-1958)、下村觀山 (1873-1930)、菱田春草 (1874-1911) 等人，不但調查日本各地文化財，臨摹日本佛教繪畫以及宋元古畫等，同時一方面吸收洋畫的寫實、光影處理技法，一方面提倡自由發揮個性的創作。岡倉覺三對印度及中國的古代文明都抱持高度興趣，著有《東洋的理想》一書，提倡擴大新日本的理想文化為東洋、東亞的理想文化，其背後隱含著帝國主義的思想。[7]

東京美術學校創辦之初 (1889) 在岡倉天心和 Earnest F. Fenollosa (1853-1908) 的主導下，設立繪畫、雕刻、美術工藝三科。繪畫為日本畫，雕刻為木雕，而美術工藝則包含雕金與漆工。三科之中又以日本畫為核心。由教師陣容可以看出是以狩野派、圓山四條派與大和繪為重心，而南畫、南北合派、浮世繪則被排除在外。前三派教師及畫家便負責開創日本畫的新傳統。事實上，延續發展至今的日本畫也大多源自此三派的系統。日本畫的課程分為三個主

要學程，即古畫臨摹、寫生與新案（構圖設計），強調繼承傳統，並創造未來的革新觀念。[8]岡倉覺三的得意門生之一，西鄉孤月 (1873-1912) 也曾流寓台灣，可惜因病早逝。[9]

日本近代美術中，美術家不但抱著美術報國的民族主義精神，同時也有「脫亞入歐」的觀念，力求與西洋文明齊頭並進或模仿其工業科學文明，乃至於帝國主義的思潮。[10]故而日本畫雖然有揉合東西的說法，其實是以日本畫代表東方的傳統，和當時亞洲其他地區的美術發展並無關連。日俄戰爭 (1904-1905) 後，隨著日本帝國勢力的侵入中國滿洲以及朝鮮半島，與中國相關的主題才再度出現於日本畫。日本佔領朝鮮，並陸續開辦朝鮮展、台灣展後，官方的美術界領導者由於擔任審查工作而進入這些殖民地，在當地寫生創作。然而，誠如山梨繪美子的研究指出，日本畫家包括洋畫與日本畫，利用中國或殖民地題材，只不過是宣揚日本帝國國威的表現。[11]從台展審查員的回顧檢討中，也可以看出他們認為台展開辦時並沒有具體可談的書畫傳統，正可以藉由台展的舉辦開創新繪畫風格。

東洋畫審查員

台展第一回開幕，東洋畫部最受矚目的三位日本畫家是鄉原古統 (1887-1965)，審查員，東京美術學校師範科畢業 (1910)；木下靜涯 (1887-1988)，審查員，圓山四條派畫家以及村上英夫（無羅），基隆女中教師，東京美術學校日本畫科畢業 (1926)。其中最具示範、領導作用的自然是前兩位審查員，而他們具體提出什麼樣的作品呢？鄉原古統為三幅一組作品「南薰綽約」（圖1～3），分別描寫代表台灣特色的夾竹桃、鳳凰木與鴿子，以及金雨樹與山娘，在時間上分別代表上午，中午與黃昏的氣氛。相對地，木下靜涯的作品則是花鳥作六曲屏風「日盛」（圖4）與水墨山水「風雨」（圖5）。評論家大澤貞吉在提出東洋畫名詞的適當性問題後，便認真地評論會場上的審查員作品：

> 會場中，最值得討論的作品是審查員鄉原古統的三曲屏風，「南薰綽約」及同為審查員的木下靜涯的「日盛」、「風雨」以及村上英夫的「基隆燃放水燈

圖1　鄉原古統　「南薰綽約」之一
第一回台展　1927

圖2　鄉原古統　「南薰綽約」之二
第一回台展　1927

圖3　鄉原古統　「南薰綽約」之三
第一回台展　1927

圖4　木下靜涯　「日盛」　第一回台展　1927

圖5　木下靜涯　「風雨」　第一回台展
1927

圖」。「南薰綽約」係取材台灣獨特的花鳥，企圖以
日本畫表現南國式的氣氛，這是他表現的目標。因此
這套作品雖然是日本畫中難得一見的高色調作品，然
而例如第一幅取材鳳凰木幾乎完全是圖案式的作品，
落入纖細的技巧，第三幅的金雨樹題材也同樣，除了
作爲裝飾畫之外沒有太多的藝術價值。這是首先在取
材上失敗，以致於無法發揮他非常熟練的技巧。就這
點而言，第二幅所畫的夾竹桃反而看來無可挑剔而且
頗爲有趣。希望技巧優良的畫家在取材上或者創作的
目標上能夠再下工夫思考。木下靜涯的兩件作品中，
以水墨畫「風雨」較佳。乍見下覺得有些蕭條，但是
再仔細看則全幅流溢著豐富的趣味。畫題爲「風
雨」，但我覺得「驟雨」更恰當。以不容易掌握的水
墨畫能達到這樣的效果，實在是了不起的畫家。第二
幅「日盛」不討人厭，但也沒有特別值得一提的創
意。

他指出鄉原雖然取材台灣特有的花鳥，表現南國式的熱帶
氣氛，但是其中的第一、三幅，鳳凰木與金雨樹不過是裝
飾畫，「沒有太多的藝術價值」，只有第二幅夾竹桃是無
懈可擊。現在從黑白照片上來判斷，前兩幅畫面都相當繁
密，同時，紅色鳳凰木與黃色的金雨樹色彩必然艷麗，而
第二幅的夾竹桃畫面較疏朗，白花與綠葉色調也比較清爽
吧！木下靜涯的「日盛」（圖4），爲一雙六曲金地花鳥
屏風，其花鳥也取自淡水海岸。[12]雖然畫面上有些推移的
空間，但由於是金地，效果必然也極爲艷麗。大澤貞吉認
爲「不討人厭」，但也沒有特別的創意。現存的一幅花卉
屏風，「南國初夏」（圖6）可以看出他寫生花鳥的技巧

純熟，用色鮮麗。木下較受推崇的是墨繪「風雨」（圖
5），這幅淡水風景幾乎是木下的標誌畫，在近景下角描
繪出一片相思樹，遠景山坡則籠罩在雲霧水氣中，其他類
似的作品不少，例如台展三回的「雨後」（圖7）以及現
存的「淡水港」（圖8）。大量使用濃墨和暈染技法，表
現天地之間水氣氤氳的詩意效果。

近年來廖瑾瑗對兩位東洋畫部的審查員作了相當詳細的調
查研究，[13]加上相關文獻大量翻譯成中文，提供我們再次
檢討東洋畫發展的條件與成果。早期台灣展東洋畫部最重
要的領導者恐怕是鄉原古統。[14]台展第一回鄉原展出的華
麗、裝飾性風的「南薰綽約」被來台視察的日本皇室朝香
宮鳩彥王所訂購，更搶盡會場的風光。[15]鄉原結合局部寫
實技法與狩野派華麗風格而成的畫風，直接影響到郭雪湖
由「圓山附近」（1928，圖9）開始的一系列「鮮艷用
色、細密描寫」的畫風。[16]鄉原在第二回台展也曾經推出
較富有近代意識的風景畫「暮雨街頭」（雨に暮れゆく）
（圖10）被漢文評論者稱爲「一談（淡）去年之華
麗。而移於古典派。」[17]然而他幾何圖案式的房舍構圖似

圖6　木下靜涯　「南國初夏」
無紀年

圖7　木下靜涯　「雨後」　第三回台展　1929

圖9　郭雪湖　「圓山附近」　第二回台展　1928

圖10　鄉原古統　「暮雨街頭」　第二回台展　1928

圖8　木下靜涯　「淡水港」　無紀年

10

乎不曾引起其他習畫者的共鳴。

鄉原在 1936 年 3 月離開台灣以前，參加台展共九回作品中，除了裝飾性的花鳥風景畫之外，最值得注意的是連續四次推出的巨大畫幅「台灣山海屏風」，亦即第四回(1930) 的「能高大觀」（圖 11）、第五回 (1931) 的「北關怒潮」（圖 12）、第八回 (1934) 的「木靈」（圖 13）與第九回 (1935) 的「內太魯閣」（圖 14）。每一件都是一雙六曲屏風，高 172，長 746 公分的鉅作，大量地描寫細膩的局部，堆疊出天地磅礴壯闊的氣勢，其企圖塑造台灣風景圖象的努力實在值得敬佩。如果考慮鄉原在 1914 年來台之前所繪製，細緻筆法雕琢出柔弱趣味的「蓬瀛」仙境（圖 15），他的水墨「台灣山海屏風」所營造的雄壯氣勢對個人畫業而言，確實是向前跨躍了一大步。然而，他的這類作品在當時的評論家眼中並未獲得完全肯定。如 1930 年第四回 N 生的評論在仔細觀賞體會中留下了遺憾：

鄉原氏的作品是令整面牆壁都嫌不夠寬的鉅作，任何人看了都會感嘆，「唐吉訶德式的傑作！」這幅作品先近看再遠觀，更可以看出鄉原氏使用種種不同的筆觸和色彩變化，我自己前後遠近重覆觀賞，雖然生動有力，不過還是近看時畫面有如雕刻般的肌膚變化，趣味無窮，畢竟是一幅沒有完成的習作。(1930.11.3 [6])

接著，1931 年大澤貞吉的東洋畫總評中未提到他的作品。[18] 1934 年林鹿二的〈台展漫評〉提到他的「台灣山海屏風—木靈」：[19]

審查員鄉原古統此作為二組大畫。比起去年的更為「努力型」（努力的）作品，不過在兩組之中如果要推薦的話，還是右手一組較佳。左手的技法有些混濁，就素人的眼光看來，許多地方無法分辨樹木與岩石。(1934.10.29[3])

有趣的是鄉原古統的畫風在此也被歸類為努力型，即努力主義的作品，下文還會再提到郭雪湖早在 1931 年第五回展便被視為努力主義。最後，1935 年立石鐵臣評論鄉原的第四組台灣山海屏風「內太魯閣」也不是很肯定。[20]

圖 11　鄉原古統　「台灣山海屏風一能高大觀」　第四回台展　1930

圖 12　鄉原古統　「台灣山海屏風一北關怒潮」　第五回台展　1931

圖13　鄉原古統　「台灣山海屏風一木靈」　第八回台展　1934

圖14　鄉原古統　「台灣山海屏風一內太魯閣」　第九回台展　1935

圖15　鄉原古統　「蓬瀛」　1914

台展型

鄉原古統所要追求並且以身作則的台展繪畫特色是什麼呢？首先讓我們看看他自己所圈選的優秀台灣青年畫家表現。第四回台展特選發表時他的談話如下：

> 台展東洋畫也逐漸出現了可以稱作台展型的作品。全體作品都有一脈相通的感覺，不過，獲得特選的林玉山「蓮池」、陳進「年輕時候」（若き日）最足以說明台展型，這兩件作品以正統性以及優秀表現被認定為特選之作。林玉山的作品與郭雪湖的「南街殷賑」都得到台展賞，因為林玉山的作品題材取自這個土地，而「南街殷賑」也表現出地方色彩 (local color) 並且將不易處理的熱鬧市街處理得很好。(1930.10.28 [1])

林玉山在這回台展中共有兩幅作品，「朝之辨天池」與「蓮池」（圖16）都是很認真細緻的寫生風景，「蓮池」特別掌握清晨安靜溼潤的感覺。陳進也有兩幅題材單純的美人畫，「年輕時候」（圖17）線條非常流暢，襯托出女子靜中有動的心情。鄉原認為這兩件作品以正統性及優秀的表現足以說明台展型。在此正統性恐怕是指正統

的，即正確的日本畫技法及觀念，而不是嚴格地意味台展作品正統與非正統之分。從現在所有的文獻來觀察，並無法相信台展到第四回便確立了正統性，無寧說鄉原的意思是像林玉山、陳進這樣正確而優秀的表現樹立了由台展培養出來的新生代畫家的典範，故稱之為台展型。這是站在常任審查員或老師輩的立場所說，帶有鼓勵性質的話，並不是評論界一般所公認、常見的名詞，同時也完全不見於洋畫界。更值得注意的是鄉原古統接著提到林玉山「蓮池」與郭雪湖「南街殷賑」（圖18）都取材自台灣，表現出地方色彩因而獲得台展賞。如此創作方向與鄉原古統從 1927 年「南薰綽約」到這一年的「台灣山海屏風－能高大觀」，積極創造新殖民地圖象的意圖正好能完全呼應吧！

圖 16　林玉山　「蓮池」　第四回台展　1930

地方色彩

來台擔任四次審查工作，並且是帝展元老審查員的日本畫家松林桂月 (1876-1963)，早在 1928 年第二回展時便極力提倡台展應該更鼓勵發展富有地方色彩與熱帶的台灣特有藝術。並且對郭雪湖的「圓山附近」（圖 9 ）至表推崇，譽為前途無量。[21]第三回台展審查後，松林桂月發表長篇演說，介紹南畫並推崇畫家的內在精神性修養。[22]然而，松林在第三回展會場上並沒有發表作品，第二回展場上，他只提出一長幅「閑庭秋色」（圖 19 ），其實這是一幅強調筆墨與寫生技法的傳統松竹梅題材，並不是發揮個性的新南畫，也看不出什麼風土色彩，恐怕對台灣畫家的思考啟發也極為有限。台灣畫家經常呼籲來台審查員攜帶佳作與會，然而他們經常是得不到滿足的。1935 年西畫審查員，東京美術學校教授藤島武二也奉勸台灣的畫家「正確地掌握熱帶地方的色彩」。[23]發展地方色彩幾乎成為一種口號，許多從日本來的畫家或審查員都會提起。其實更早的石川欽一郎提出觀看台灣風景的角度時已有類似的說法，將日本與台灣對照比較，多少具有主體客體之別的想法。[24]日本帝展審查員在參加朝鮮展審查時多偏好民俗性題材，或者鄉土色詩情的風景，畫家為了入選鮮展競相學習新畫風，其深遠的正負面影響迄今仍是美術史界爭議的課題。[25]

圖 17　陳進　「年輕時候」　第四回台展　1930

問題是在台灣這樣的地方，沒有美術訓練學校、研究機構，或美術館；甚而連土地的認同感與文化意識都仍然處於萌芽狀態下，如何具體地發展出台灣畫壇的特色，而不是隨意到處找些民俗性或地方特殊題材作為代表呢？

圖18　郭雪湖　「南街殷賑」
第四回台展　1930

圖20 郭雪湖 「新霽」 第五回台展 1931

圖19
松林桂月 「閑庭秋色」
第二回台展 1928

我們再回過頭來看，1930年由於表現強烈的地方色彩而獲台展賞的「南街殷賑」。這是郭雪湖繼1928年「圓山附近」與1929年「春」連續獲特選後，再次得賞。這樣輝煌的成績只有陳進（1928-30年三次特選）可以與之相比。相對於在東京進修的陳進，郭雪湖沒有機會進入任何美術學校，只有靠臨摹畫譜、畫冊以及參觀在台北各地的展覽會作品，能夠連續獲提拔，自然成為其他在同樣環境下摸索的年輕人的榜樣。郭雪湖這三幅獲賞的作品構圖繁複，色彩豐富，或有如將一塊塊花草的刺繡圖案拼貼成華麗燦爛的台灣神社、芝山岩等富有重要政治意味的風景圖象，而「南街殷賑」則將迪化街美化成太平昇世的嘉年華盛會。如此表現地方色彩也間接凸顯殖民地的治績，自然受到會場的歡迎。1931年郭雪湖再接再厲，以「新霽」（圖20）拿到特選台展賞。這是綜合以上幾回作品技法再提煉而成的世外桃源景象。畫面排列著如同一叢叢花束般的樹林與花圃，中央是通往神社的石燈與梯階，而代表台灣宗教特色的開漳聖王廟則隱藏在樹林的後方，這樣的「日台交融」景象當然也是畫家精心的設計。

表面上看來，台灣的新生代畫家在東洋畫部已取得長足的進步，然而大澤貞吉在這第五回展評論中卻嚴重地提出對東洋畫部的警告：

對於台展東洋畫部「只有這樣的程度嗎？」這種感覺並非始自今年才開始，自從覺得參展畫家的水準逐漸整齊之後，如此感覺便相對地強烈起來。

我認為這可能是缺乏指導如何將東洋畫的精髓，如氣韻、風格或者是近代的感觸融入台展畫作的方法。我相當擔心今後的發展。更坦白地說，我的結論是許多畫家一逕地追求技法，腦袋空空全不用心思考。

台展東洋畫的寵兒為呂鐵州、郭雪湖、陳進等諸位，但是除了呂鐵州之外，卻仍然有待改善的餘地。特別是郭雪湖以他的努力主義終於拿到特選台展賞，明年之後當然有必要嘗試改變方向。……這兩位都需要更努力構思在精神內涵上突破，才有可能超越目前的作品有所突破。(1931.10.31[4])

地方色彩的適當性並非不容懷疑，早在1930年第四回台展評論中，筆名N生的作者便強烈質疑強調地方色彩的正確性：

台展是否與時代並進？……時代的苦悶是否如實地表現出來？……令人遺憾的是，不得不說「沒有！」……

台灣既已被認為是世界上的台灣，思潮與文物都在世界平均水準之上，……帝國主義與普羅主義交錯並存。

所謂地方色彩是我們先意識到現實中一般普遍的時代性，再下降到特定的時空後才能生動地表現出來，如果未能意識到一般的時代性，如何能夠表現地方色彩呢？若不這樣考慮，卻一逕地指責沒有表現地方色彩，那還不如勉強要求畫家們只要繪製蘭嶼的人偶便可以了。(1930.10.25[8])

貼切地表現現代生活的苦悶與活力，真實地反映自我的追求，這對於現代的畫家，或追求進步、不滿於現狀的人們都具有很大的吸引力，何以一定要求畫家表現懷舊的、浪漫的地方性寫實題材呢？

在此，我們回到第二位台灣的東洋畫審查員，木下靜涯在1939年回憶〈台展日本畫的沿革〉時對於地方色彩的說法：

相對於日本人多思想性的作品，台灣人則明顯地以寫實作品為主。我們勸台灣的初學者，盡量寫生，首先要寫生，其次也要寫生，強調最初基礎工夫。因此出現很多精細的寫生畫，台展的日本畫部分看來宛如植物園的圖錄。有很多人懷疑指導者的方針到底是不是有問題？不過，很專心地將此特殊地方的珍奇植物寫生下來，也是非常難得的。東京來的審查員也是每個人都很讚賞。[26]

寫實性的技法用來呈現（再現）眼中所見的自然景物，確實是初學者方便的入門之階，但是如未能培養思考的心靈，只在技巧上打轉，便成為精巧的寫生圖錄，或者是教學用的掛圖，並不是藝術作品。[27]如此堅持寫生到底的教法是否也反映出老師對學生的應付心態呢？木下卻以為這也不失為表現地方色彩的方法，並且得到自東京來的審查員的認可。依據廖瑾瑗的調查研究，鄉原古統教導其第三高女的弟子，態度與木下靜涯的態度頗為相似，也是以戶外寫生，例如描繪一片葉子，觀察大自然的寫實描繪為主。[28]根據林柏亭的研究，鄉原古統指導的女學生入選台展的作品幾乎都是花卉寫生。[29]

近年來由於蔡雲巖（永）畫作及木下靜涯畫稿的大量出土，將足以提供我們更深入探討木下靜涯的觀點以及指導台灣日本畫發展的方向。在此簡單地介紹村上英夫（無羅）對於木下的評價，或許可以作為日後研究的基礎。[30]村上歸納木下在台灣的畫績為「以（京都的圓山）四條派（精練技術）畫風描寫台灣風景，獨自存在於台灣的畫壇。」木下沒有正式授徒，在畫壇也沒有其他畫家類似或學到他的畫風，故稱為「獨自存在」。村上稱讚木下創作態度穩健，但是「對木下唯一期待是希望他多考慮時代性」，期待他的創新。其實這也是其他評論人對他的看法。村上推崇他「以墨繪淡水為中心的小品作」，然而他也以為這類詩情式表現容易流於甜美。至於木下的重彩花鳥及風景，由於「使用礦物質顏料敷彩時有些過分華麗」，村上提醒他應該注意避免「俗氣」、「匠氣」等。

第十回台展時，日本畫家大高文濤評論東洋畫部也呼籲「請把握時代潮流」，強調精神性表現比技巧更為重要。他稱讚朱芾亭畫中的風雅幽閑，但是對於審查員則謂：「我期待從日本來的兩位（結城素明 1875-1957、村島酉一 1897-1973），更加奮發有力，至於木下氏則沒有什麼話要說。」[31]似乎對他的花鳥屏風「刺竹」（圖21）不予置評的意思。

鄉原與木下領導的栴檀社在1930-1937年之間曾經結合了全島將近20位以上的南北畫友以同人展方式每年一次公開展示，受到畫壇的重視。到底這兩位領導者的畫風在此會中發揮何等影響力，值得更深入探討。[32]

努力主義

大澤貞吉注意到在東洋畫部，台灣人新生代業餘畫家憑著

圖21 木下靜涯 「刺竹」 第十回台展 1936

熱情與努力，勤奮地寫實描繪，擠入台展的行列頗值得欣慰。

> 坦白地批評，此次的作品大體上腦筋動得不夠、卻雙手非常勤奮，亦即以時間和勞力取勝的作品居多。事實上，不僅是美術創作，從事任何事但對於這樣的苦心和努力，我們絕不可以冷嘲熱諷。台展排除畫家的努力主義之外，還剩什麼？此話雖然也是事實，然而開辦至今只有六屆的台展，正因為此努力主義，未來才能邁向成功與希望的大道。(1932.11.2[6])

郭雪湖 1931 年秋短暫地旅行日本後，次年立即「很快已將方向轉為南畫。」[33]如此快速地在形式上的轉變除了表現出認真學習的態度，是否也反映出東洋畫壇的脆弱體質呢？

大澤貞吉的同僚，魏清德歸納台展東洋畫由於重技巧的努力主義產生的弊病有六，一、過度求變，二、布景甚繁複，三、以大取勝，絕少瀟灑脫俗的小品，四、色彩鮮艷粉飾，五、缺乏書卷氣及書道味，六、追隨西洋畫潮流。他將落於形式技巧的台展東洋畫比喻為文人聚會，擊鉢吟詩，往往流於形式上的競技。[34]

內在精神性的追求

除非獨立自覺地孕育出鄉土的傳統特色，地方色彩的體會絕不可能深刻。反對純粹技巧性的追求，強調畫家內在精神性表現的大澤貞吉在第六回台展 (1932) 時曾說：

> 今後台展發展的重點並非在於誰都可以畫出來的單純東洋畫，而是應該多展示些具有濃厚台灣鄉土色彩的作品，才能成為台展的特色。(1932.10.26[6])

所謂有濃厚台灣鄉土色彩的作品，並不是直接寫生動植物，而是表現生活傳統特色，基於對鄉土民俗的體會、認知，才能轉化為作品的深度內涵。同時，他也極力推崇南畫的水墨傳統價值。同篇文章中他鼓勵呂鐵州、郭雪湖等往南畫發展，亦即從寫實的方向轉往寫意。1933 年，第七回展時大澤貞吉注意到有些南部畫家如潘春源、朱芾亭及徐清蓮等嘗試水墨，令他興奮不已。

> 台展東洋畫部南畫的新芽快速成長，令人欣慰。本島的台展在這方面可謂具有刺激、指導內地（日本）畫

壇的氣勢。(1933.10.29[2])

餘緒

以上的討論側重在台展時期 (1927-1936) 東洋畫的發展，至於進入非常時期的府展階段變化，將待日後繼續研究，在此，再借一段大澤貞吉的話來作結語。府展首回 (1938) 展出時，大澤貞吉嚴肅地指出，「相對於西洋畫部的活潑朝氣十足，東洋畫部方面卻令人洩氣地沉鬱，缺乏力量。」他認為其中原因之一是「比起西洋畫，東洋畫方面較少機會接受日本新興畫壇的感召或影響，（台灣）也缺乏指導的大師等。」[35]確實，直到 1945 年以前，台灣留學生進入東京美術學校為例，也可以反映出他們強烈地傾向西畫的現象。台灣留學生 25 人之中，西洋畫科學生有 11 人，卻沒有日本畫科學生。師範圖畫科的訓練兼具日本畫，但 6 位留學生中，只有陳慧坤在畢業後維持一段時間創作日本畫。[36]其餘的人都以西畫創作為主。

台灣缺乏日本畫指導大師的情形已不必再多費說明，西洋畫部是否有大師領導也值得疑問，不過，在此不妨引用塩月桃甫的一段話作個有趣的對比。西洋畫部審查員，塩月桃甫非常重視個人創作特色，對於近代的各種畫風都採取開放態度。1934 年，第八回台展前夕，他曾經再度解釋台展的定位，並質疑地方色彩的意義。[37]

> 當然，台展……是具有自我方向的獨立展覽會。
>
> 台展的抱負是立足於世界上，散發令人矚目的光輝。我經常聽到對於台展的批評，有人說台展的繪畫漸漸失去了台灣色（譯按：地方色彩）。
>
> 只要描寫台灣的風物，便算是具備台灣色，這種想法奇怪吧？
>
> 台灣的生活倘若有特殊性發展的話，或許還可以接受。然而像現在這樣交通發達，通訊設施完備下，……台灣和世界之間的距離也愈來愈縮短，世界的動向立刻可以得知。……
>
> 特別是年輕的作家們，其訓練既以古今中外（東西）的畫風為研究基礎，他們的表現絕不限於與內地展覽會相異的畫風而已。
>
> 然而，既然生活在特別的地理環境下，加上畫家個人獨自的創作方式，我們也期待綻放出有獨特香味的藝

術花朵。

塩月所說的，台展立足於世界上，是指不定位於日本的地方展或某一主流展的分支，台展具有其獨自發展的目標。此目標也不違背日本畫壇目前的發展，亦即儘可能地吸取西方的長處轉化爲日本的表現，而且不論油畫或日本畫都相同。台灣的現代畫畫壇既然要勇於吸收世界或時代的潮流，認眞表現的新生代畫家，絕對無法滿足於台灣風物寫生爲台灣地方色彩的表現。

※ 本論文研究期間蒙日本在台交流協會補助田野工作一個月（2000年3月），謹表謝意。

（作者爲中央研究院歷史語言研究所研究員及國立台灣大學藝術史研究所兼任教授）

註釋

1 〈台展座談會〉，《台灣公論》1942.11，頁97-106，並見拙稿，〈日治時代美術後期的分裂與結果〉，《何謂台灣？——近代台灣美術與文化認同》（台北：雄獅，1997），頁24-27。

2 府展第五回東洋畫送件46，入選26件，比率56%，無鑑查參展11件；西洋畫送件214，入選74件，比率39%，無鑑查18件。

3 鮮展原擬設日本畫部，後來接受在朝鮮日本洋畫家高木背水的建議，配合韓國傳統，改設東洋畫部以涵蓋四君子畫等。李仲熙，〈「朝鮮美術展覽會」の創設について〉，《近代畫説》6（明治美術學會刊，1997），頁28。

4 尾崎秀眞，〈書道的精神——全國書道展觀後記〉，《台灣日日新報》1936.9.27；10.9[4]。

5 根據《台灣人士鑑昭和十八年》（台北：興南新聞社，1943），大澤貞吉，東京豐多摩郡出生，號鷗汀。1913年東京帝大文科大學哲學科畢業，同年入中央新聞社，1918新愛知新聞編輯局長，1921同報社東京分局長，1923年8月入台灣日日新報社，歷任編輯局長、主筆及漢文部長。1941年辭職，改任皇奉會宣傳部長。著有《英和西諺小辭典》等，興趣爲探討「人情美」。

6 本文凡是引用台灣日日新報資料皆直接註明日期於文末，不另加註。譯文除非另註明，皆出自筆者編譯，《觀看與評論——台灣近代美術文獻選讀》（台北：雄獅，出版中）。

7 參考John Rosenfield 於台北國立歷史博物館（1999年11月27日）演講，〈現代亞洲美術與西方的接納：日本畫運動〉，*Nihonga: Japanese-Style Painting 1868-1968*, New York, Weatherhill, 1995.

8 佐藤道信，〈東京美術學校と岡倉天心〉，《日本美術館》（東京：小學館，1997），頁886-887。

9 西鄉孤月，1894年東京美術學校第一期繪畫科畢業，入研究科，1896年成爲該校助教授。1898年與岡倉天心等辭職，參加日本美術院創立。與菱田春草、橫山大觀、下村觀山等人創

10 隈元謙次郎，〈明治中期の洋畫〉，《近代日本美術の研究》（東京：東京國立文化財研究所，1964），頁172-178。

11 山梨繪美子，〈日本近代洋畫におけるオリエンタリズム〉，《今，日本美術史學をふりかえる》（東京：國立東京文化財研究所，1999），頁81-93。

12 村上英夫（無羅），〈木下靜涯論——台灣畫壇人物論之三〉，《台灣時報》1936.11，頁118-125。

13 廖瑾瑗，〈木下靜涯與台灣近代畫壇——以台展、府展的東洋畫部爲中心〉，《藝術家》253(1996.6)，頁320-334；〈畫家鄉原古統〉，《藝術家》292(1999.9)，頁362-375；293(1999.10)，頁512-519；294(1999.11)，頁289-297；296(2000.1)，頁502-515；297(2000.2)，頁458-469；298(2000.3)，頁396-411；299(2000.4)，頁388-400；301(2000.6)，頁506-513。

14 谷歸逸路（美術教育者），〈台灣的美術界〉，《台灣時報》1933.6，頁5-10。「東洋畫畫家大部分受鄉原古統的指導及人格薰陶，組成栴檀社，努力不懈，每年舉辦盛大的畫展。」谷歸又指出獨立獨行的東洋畫家如村上英夫與清水雪江也還是受到鄉原的影響。

15 鄉原古統，〈台灣美術展十周年所感〉，《台灣時報》1936.10，頁21-26。

16 廖瑾瑗，〈畫家鄉原古統——台展時期古統的繪畫活動〉，前引文，頁467。

17 漢文記者，〈第二回台灣美術展會場中一瞥作如是觀〉，《台灣日日新報》1928.10.26[漢2]。《藝術家》2000.2，頁468。

18 鷗亭生（大澤貞吉）〈台展評論——無法令人滿足的東洋畫作品－很少用心思考的畫家〉，《台灣日日新報》1931.10.31[4]。

19 林鹿二，〈台展漫評——觀東洋畫〉，《台灣日日新報》1934.10.29[3]。作者爲山本奈良男，筆名林鹿二。1908年生，本籍愛媛縣溫泉郡。西川滿台北城北（樺山）小學校同級生。台北帝大文政學部國文科畢業。1934年3月入台灣日日新報社任記者，趣味爲電影、爵士樂，住台北大正町。近藤正己，〈西川滿札記〉，《台灣風物》30：3(1980.9)，頁19。國勢新聞社編，《台灣新聞總覽》（台北：編者，1936），頁15。感謝黃琪惠提供資料。

20 立石鐵臣，〈台展相互評——西洋畫家的東洋畫批判〉，《台灣日日新報》1935.10.30[6]。

21 《台灣日日新報》，1928.10.17[7] & 18[漢4]；松林桂月，〈台灣——台府展與旅行經驗〉，《東方美術》1939.10，頁28。

22 松林桂月，〈台展審查に就ての感想〉，《台灣教育》329(1929.12)，頁103-112。

23 藤島武二，〈映入藝術眼中的台灣風物詩〉，《台灣新聞》1935.2.3[2]。

24 〈近代台灣風景美學觀的建構：1900-1934〉，《美術史研究集刊》9（出版中）。

25 Kim Youngna, "Modern Korean Painting and Sculpture," *Modernity in Asian Art*, edited by John Clark, Uni. of Sydney East Asian Studies, no.7, 1992, pp.155-159.

26 木下靜涯，〈台展日本畫的沿革〉，《東方美術》1939.10，頁25-27。

造朦朧體畫風。後落魄，1911年至台流寓賣畫至次年病發返京都身故。

27 大澤貞吉第五回評論,「（東洋畫）如果精神思想上的學習不充份,那麼台展中類似公學校使用的掛圖般的作品是永遠不會絕跡的。」《台灣日日新報》,1931.10.26[3]。

28 〈畫家鄉原古統〉,《藝術家》298(2000.3),頁405。

29 《嘉義地區繪畫之研究》（台北：國立歷史博物館,1995）,頁193。

30 村上英夫,前引文,《台灣時報》1936.11,頁118-125。

31 大高文濤,〈台展評論：東洋畫綜覽——請把握時代潮流〉,《台灣日日新報》1936.10.25[6]。

32 廖瑾瑗,〈畫家鄉原古統——栴檀社〉,前引文,頁388-400。

33 大澤貞吉,〈第六回台展之印象〉,《台灣日日新報》,1932.10.26-11.3[6]

34 魏清德（潤）,〈第九回台展東洋畫一瞥〉,《台灣日日新報》,1935.10.26〔漢4〕

35 大澤貞吉（鷗汀生）,〈第一回府展漫評（東洋畫）〉,《台灣日日新報》,1938.10.24[3],25[6]。

36 吉田千鶴子,〈東京美術學校の外國人生徒（後篇）〉,《東京藝術大學美術學部紀要》34(1999.5),頁125-131。1945年為止,入學25人之中,二木忠孝（1921生,1943年入學雕刻科）為台北市出身,本籍是否為台灣無法確認,但不排除為皇民化運動中改姓的可能。25人的學科分別為西畫11人,師範6人,雕刻（含塑造）5人,建築1人,工藝1人。

37 塩月善吉,〈第八回台展前夕〉,《台灣教育》1934.11,頁32-37。

日據時期台灣東洋畫發展的探究

李進發

1927年由台灣總督府轄下教育會主辦的台灣美術展覽會（簡稱台展），共舉辦了十屆，之後於1938年改隸台灣總督府主辦的總督府美術展覽會（簡稱府展），因戰事關係僅辦了六屆。兩者皆由官方機構主辦，故又統稱爲官辦美展（簡稱官展），此有別於民間美術團體或學校單位所舉辦的公開展覽。官展因受到日本當局的重視與主導，以及畫家、民間畫會、新聞報導、媒體等的全力配合，逐形成一股潮流，主導了日據時期台灣美術的發展。而日據時期台灣東洋畫的誕生，正值台灣留日風氣開放之際，年輕一代有志於美術研究的台灣學生，除直接受教於日本畫壇正勃興的美術教育外，更可在官辦的美展舞台上一展長才。從美術發展的歷程上來看，官展的設立正提供了嶄新待拓的良好環境，爲台灣美術的發展帶來新頁，其發展過程的背景、風格與走向值得深入探討。本文擬從台展創設的背景與目的、繪畫導師的師承與流脈、藝術評論的導引與制約、作品風格的分析與特徵、發展的本質與特色，加以分析探究。

一、背景因素的分析

㈠、台展創設的背景與目的

台展創設的緣由，最早見諸於《台北文物》第三卷第四期〈美術運動專號〉座談會紀錄，郭雪湖指出：「最初決定舉行台展是那時候的台灣總督上山滿之進，這上山和上面說過的石川等四畫家中之三人同是長野人，所以由他們建議才決定創設這個台灣美術展覽會，這是民十六年的事。」[1]視台展的設立係起因於畫家的建議。然何以日本當局一經畫家建議即決定舉辦台展，顯然總督府當局的態度與動機絕非僅止於被動的角色而已。從日據時期官方文告主要論述的現身說法中，[2]不難對官展成立的眞相理出客觀的輪廓。有關台展創設的經過情形大致是：先由台灣日日新報的社論發起「就朝鮮展的開辦是否台展創設的問題」作爲序幕，引發旅台日籍畫家及愛好藝術人士等熱烈的討論、回應和支持。原本他們只想由民間加以組辦，[3]卻因當時總督伊澤喜多男及長官後藤文夫認爲開辦美術展覽會活動的相關條件已達水到渠成，也符合彌補台灣缺乏精神慰藉的需要等情況下，主動提出開辦美展的意願，才促成台展的創設。經過熱心畫家及愛好藝術人士與總督府官員的多次討論後，[4]認爲美展具教育意義才決定由台灣教育會主辦。

而台展之成立，審視其客觀的條件已趨成熟，展覽會的舉辦實含有提昇美術水平及教育文化的雙重意味，亦即欲藉此展覽會達到文化向上的目的。然而終其日本統治台灣五十年餘從未設立任何美術學校的情形來看，其所謂文化向上，絕非單純僅止於此。否則，眞要提昇文化推廣美術理應先從美術學校的設立，作爲推廣美術教育的基礎，才能配合展覽的推動進而達成相輔相成與相得益彰的效果。據此，如將視野擴大到整個時代背景來看，1927年前後，台灣當時社會生活的條件已有顯著的改善，隨著日語教育的推展，社會的流動性（包括資訊、經濟、文化等活動）遠較日據初期更趨活躍，加上受到世界民族自覺、自由民主等思潮衝擊的影響，引發台灣民族運動與社會文化運動激烈的展開，在文壇的論戰上更如火如荼地進行著，當時社會運動儼然形成一個高峰。就日本當局以同化殖民政策的立場而言，自不願見到台灣民族自覺及文化運動蓬勃發展，導致其領導統治之不利。然而這種自由民主的思想既已深植台籍知識階層心中，欲採高壓政策必遭更大之反彈。有鑑於台北師範學校曾發生兩次騷擾事件，後因石川欽一郎受聘到該校任教，藉由美術活動導引青年思想，以及朝鮮美術展覽會開辦均獲致成功的前例。因此若能藉由較不易產生爭議的美術展覽會作爲轉移目標、降低社會運動所帶來的風險，其所受到的阻力必然降到最低，也易藉提昇美術水平之名，行同化政策之實，達到不著痕跡的文化殖民目的。

因此，總督府之所以積極主辦台展，顯然地，欲藉美術展覽會的開辦，一方面可以作爲轉移當時勃興的文化運動，達到社會運動降溫的目的；另一方面也能在推動台展的同時達到文化殖民的目的。由於台展的推動，促使原本貧瘠的台灣畫壇[5]帶來空前劇變的發展。更有所謂「新時代來臨」的說法。[6]

(二)、繪畫導師的師承與流脈

回顧台灣美術的發展，經日據時期官展活動的開拓，使得清末台灣傳統水墨畫脫離了以臨摹爲尙的文士畫風格。在日本當局有意培植台灣新秀的強烈意圖，且掌握官辦美展大權的審查員又幾乎全是日本人[7]的情形下，不但取代了傳統水墨畫的主導地位，並加速了台灣東洋畫的發展。自 1920 年至 1940 年短短的一、二十年間，[8]從無到有，而達蓬勃發展，其間變化的步履有著相當大的質變。這種近乎突變式的發展，更突顯出扮演著台灣美術發展推手的關鍵性角色，從影響日據時期台灣東洋畫發展的日籍畫家之師承流脈探究中，可以深入了解其發展的基礎與特色。

有關影響日據時期台灣東洋畫發展的日籍畫家，依其在台活動情形分爲留台與非留台日本畫家。

1. 留台日籍畫家

留台日籍畫家以鄉原古統及木下靜涯的影響最大，扮演著東洋畫導師的重要角色。兩人皆以畫家的身分來台發展，鄉原古統則緣於熱愛台灣的山明水秀，於大正六年 (1917) 抵台，先後在台中一中、台北第三高女、台北女子高等學院及台北第二師範任敎，除擔任審查工作及繪畫團體的指導外，因另具學校美術敎師資格，全力指導學生參加台展，扮演多重角色，影響所及更爲深遠。1936 年鄉原古統考量家庭因素[9]始離開台灣返回日本，其無論在美術敎育及官展審查上，均有著相當深遠的影響，當時台籍第三高女學生及郭雪湖等均受其指導。木下靜涯則自大正七年 (1918) 因緣際會留在台灣後，[10]始定居於淡水，除全程參與台展的審查工作外，並擔任繪畫團體的指導，如栴檀社、春萌畫會。而私下指導台籍畫家更不遺餘力，入選台、府展的台籍畫家蔡雲巖、許眺川等均曾向其請敎。

2. 非留台日本畫家

從明治、大正到昭和時代，與台、府展具有密切關係者，幾乎都是帝國美術展覽會的成員和大將。可由東京與京都兩大地區的流派分別描述。京都地區畫壇主要以圓山、四条兩派爲代表的流派。因固守傳統寫生，倦於開拓未來，僅建立在以形像寫生爲主的眞實性描繪上，比較缺乏時代性需求的努力。自從日本寫實主義興起，該派更以精確洗鍊的技法從事繪畫創作。主要影響台灣的畫家計有：松林桂月、堂本印象、小林觀爾、福田平八郎等。

東京地區的畫壇，「以鑑賞畫會爲中心，由美國人恩斯特・菲諾羅莎 (Earnest Fenollosa, 1853-1908) 指導，在狩野芳崖及橋本雅邦兩位熱心追求下，才開始有明治時代日本畫復興的成果。」[11]由於受到西洋畫家的影響，在寫實的基礎下，有超越南畫發展的傾向。影響台灣東洋畫發展的主要畫家有：荒木十畝、池上秀畝、結城素明、平福百穗、鏑木清方、勝田蕉琴、野田九浦、町田曲江、川崎小虎、矢澤弦月、望月春江、山口蓬春、森白甫、山川秀峰、伊東深水、兒玉希望等。

這些影響台灣東洋畫發展的重要畫家依其影響類別可分爲純爲審查員、純爲敎師者及審查員兼敎師等三部分，

⑴ 純爲審查員：

審查員除來台擔任審查工作外，並就審查心得與感想作一感言，作爲批評入選台展作品的優劣，以爲下屆作品創作的改進依據。同時亦攜帶自己作品參與台展以爲示範。不但達到示範效果，也擴充了台展參展畫家的創作視野，而歷屆純擔任審查員工作之日籍畫家對台展的發展具一定的影響力。計有：荒木十畝、池上秀畝、勝田蕉琴、野田九浦、町田曲江、川崎小虎、矢澤弦月、望月春江、山口蓬春、村島酉一、森白甫、山川秀峰、吉田秋光等十三位。

⑵ 純爲敎師：

台展活躍的台籍畫家中，除在日本留學期間的直接師承外，亦有入私塾求敎的情形，不論繪畫思想觀念抑或繪畫技巧，均受其師承派的影響，這些純爲敎師角色的日籍畫家計有七位：鏑木清方、平福百穗、堂本印象、小林觀爾、伊東深水、福田平八郎、兒玉希望等。

⑶ 審查員兼敎師：

以結城素明及松林桂月兩位南畫風格畫家爲主導，不但多次擔任台展的審查工作，同時在日本美術學校擔任敎職，影響台籍留日學生者相當深遠。將其扮演之角色、師承及參與台灣官辦美展情形，綜合如表一：

表一　影響台灣東洋畫日籍畫家之師承及其參與官展屆別暨作品一覽表

角色		影響台展日籍畫家	師承	參與台展情形		影響之台籍畫家
				審查屆別	出品作品名稱	
留台	教師兼審查員	鄉原古統 (1887-1965)	寺崎廣業 (1866-1919) 結城素明 (1875-1957)	台展第一屆	「南薰綽約」（三幅對）	陳進、邱金蓮、陳雪君、謝寶治、林阿琴、周紅綢、彭蓉妹、黃早早、黃新樓、張文換、張聘三、郭雪湖
				台展第二屆	「暮雨」	
				台展第三屆	「少婦及山水圖」	
				台展第四屆	「台灣山海屏風」（一雙）	
				台展第五屆	「台灣山海屏風」（一雙）	
				台展第六屆	「玉峰秀色」	
				台展第七屆	「端山之夏」	
				台展第八屆	「台灣山海屏風」	
				台展第九屆	「台灣山海屏風」（太魯閣）	
	純審查員	木下靜涯 (1887-1988)	村瀨玉田 (1852-1917) 竹內栖鳳 (1864-1942)	台展第一屆	「日盛」、「風雨」	許眺川、蔡雲巖
				台展第二屆	「大屯之霽」、「魚狗」	
				台展第三屆	「雨後」、「秋晴」	
				台展第四屆	「立秋」、「靜宵」	
				台展第五屆	「耀日」（一雙）	
				台展第六屆	「秋立甦日」	
				台展第七屆	「春」	
				台展第八屆	「蕃山將霽」	
				台展第九屆	「雲海」	
				台展第十屆	「刺竹」	
				府展第一屆	「朝瘁新高」	
				府展第二屆	「爽秋」	
				府展第三屆	「滬尾之丘」	
				府展第四屆	「砂丘」	
				府展第五屆	「實秋」	
				府展第六屆	「磯」、「雨後」	
非留台	純審查員	荒木十畝 (1872-1944)	荒木寬畝 (1831-1915)	台展第九屆	「芭蕉群雀」	
		池上秀畝 (1874-1944)	荒木寬畝 (1831-1915)	台展第五屆	「時雨」、「吹雪」	
		勝田蕉琴 (1879-1963)	橋本雅邦 (1835-1908)	台展第四屆	「鯉」	
		野田九蒲 (1879-1971)	寺崎廣業 (1866-1919)	府展第三屆	「旅路的芭蕉」	
		町田曲江 (1878-1967)	寺崎廣業 (1866-1919)	府展第五屆	「芙蓉」	
				府展第六屆		
		川崎小虎 (1886-1977)	川崎千虎 (1835-1902)	台展第九屆	「紫蘭隽尾長」	
		矢澤弦月 (1886-1952)	寺崎廣業 (1866-1919)	台展第五屆		
		望月春江 (1893-1979)	結城素明 (1875-1957)	府展第六屆	「朝顏」、「富貴草」	
		山口蓬春 (1893-1971)	松岡映丘 (1881-1938)	府展第一屆		林柏壽
				府展第二屆	「牡丹」	
				府展第四屆	「果子園」	
		村島西一 (1897-？)		台展第十屆	「軍鷄」	
		森白甫 (1898-1908)	荒木十畝 (1872-1944)	府展第三屆	「游鯉」	
		山川秀峰 (1898-1944)	鏑木清方 (1878-1972)	府展第四屆	「雛鶴三番叟」	陳進
		吉田秋光 (1887-1946)	松岡映丘 (1881-1938)	府展第五屆	「首夏」	
	純任教師	鏑木清方 (1878-1972)	水野年方 (1866-1908)			陳進
		平福百穗 (1877-1933)	川端玉章 (1842-1913)			林玉山、呂鐵州
		堂本印象 (1891-1975)	西山翠嶂 (1879-1958)			林玉山
		小林觀爾 (1892-1974)	荒木十畝 (1872-1944)			呂鐵州
		伊東深水 (1898-1972)	鏑木清方 (1878-1972)			陳進
		福田平八郎 (1892-1974)	竹內栖鳳 (1864-1942)			呂鐵州
		兒玉希望 (1898-1971)	川合玉堂 (1873-1957)			陳永森、林之助
	審查員兼教師	結城素明 (1875-1957)	川端玉章 (1842-1913)	台展第六屆	「鵝鑾鼻」	陳慧坤、陳永森、陳進、林玉山
				台展第七屆	「山查子」	
				台展第十屆	「秋」	
		松林桂月 (1876-1963)	野口幽谷 (1827-1898)	台展第二屆	「閑庭秋色」	陳進
				台展第三屆	「葡萄」	
				台展第八屆		
				府展第二屆	「幽居」	

※ 本資料來源：1. 李進發，《日據時期台灣東洋畫發展之研究》，台北：台北市立美術館，1933。

　　　　　　2. 三輪英夫等撰，《近代日本美術事典》，東京：講談社，1989。

為了解日據時期台灣東洋畫發展的師承脈絡，根據拙著《日據時期台灣東洋畫發展之研究》及 1999 年訪問東洋畫前輩畫家之紀錄，並參考相關論著，將日據時期台灣東洋畫畫家及其師承關係整理如表二、表三：

表二　日據時期台灣東洋畫美術教育發展系統表

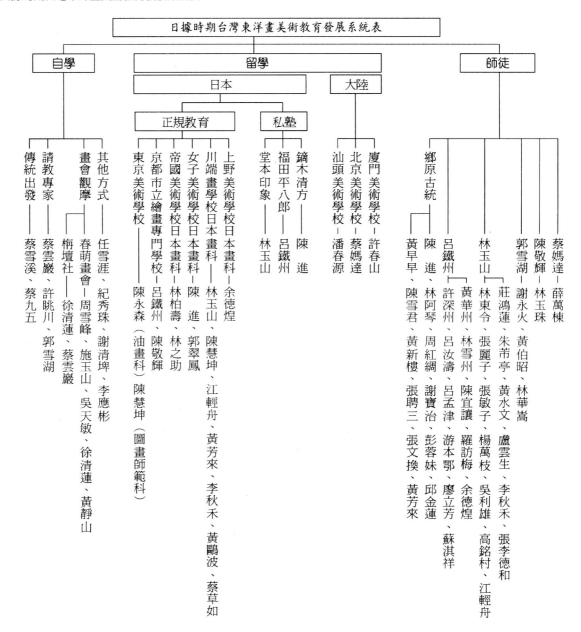

日據時期台灣東洋畫美術教育發展系統表

自學
- 傳統出發—蔡雪溪、蔡九五
- 請教專家—蔡雲巖、許眺川、郭雪湖
- 畫會觀摩—栴壇社—徐清蓮、蔡雲巖；春萌畫會—周雪峰、施玉山、吳天敏、徐清蓮、黃靜山
- 其他方式—任雪涯、紀秀珠、謝清埤、李應彬

留學
- 日本
  - 正規教育
    - 東京美術學校—陳永森（油畫科）、陳慧坤（圖畫師範科）
    - 京都市立繪畫專門學校—呂鐵州、陳敬輝
    - 帝國美術學校日本畫科—林柏壽、林之助
    - 女子美術學校日本畫科—陳進、郭翠鳳
    - 川端畫學校日本畫科—林玉山、陳慧坤、江輕舟、黃芳來、李秋禾、黃鷗波、蔡草如
    - 上野美術學校日本畫科—余德煌
  - 私塾
    - 堂本印象—林玉山
    - 福田平八郎—呂鐵州
    - 鏑木清方—陳進
- 大陸
  - 汕頭美術學校—潘春源
  - 北京美術學校—蔡媽達
  - 廈門美術學校—許春山

師徒
- 鄉原古統
  - 黃早早—陳雪君、黃新樓、張聘三、張文換、黃芳來
  - 陳進—林阿琴、周紅綢、謝寶治、彭蓉妹、邱金蓮
  - 呂鐵州—許深州、呂汝濤、呂孟津、游本鄂、廖立芳、蘇淇祥
  - 林玉山—黃華州、林雪州、陳宜讓、羅訪梅、余德煌
  - 郭雪湖—莊鴻蓮、張麗子、楊萬枝、吳利雄、高銘村、江輕舟
  - 陳敬輝—林玉珠；謝永火、黃伯昭、林華嵩、盧雲生、李秋禾、張李德和
  - 蔡媽達—薛萬棟

※ 表二與表三參考資料：
1. 林柏亭，〈台灣東洋畫的興起與台、府展〉，藝術學 3 號。
2. 謝理發，《台灣美術運動史》，藝術家出版社，1978。
3. 王白淵，〈台灣美術運動史〉，《台北文物》第三卷第四期。
4. 《台灣地區現代美術的發展》，美術論叢 25，台北市立美術館發行，1990.6。
5. 芳川赳，《現代日本畫壇人物論》，東京：錦正社，1924。
6. 黃鷗波，〈日本畫的過去及現況〉（上）、（中）、（下），台灣美術第 6、7、8 期館刊，1990。
7. 《台灣省通誌》卷六，學藝誌藝術篇第二冊，1971。
8. 《嘉義縣誌》，成文出版社，1983。
9. 《嘉義五週年紀念誌》，成文出版社，1985。
10. 添田達嶺，《日本畫的鑑賞》，東京：雄山閣，1931。
11. 《日本美術年鑑》，東京：畫報社，1936-1940。

表三 日據時期台灣東洋畫發展師承流脈系統表

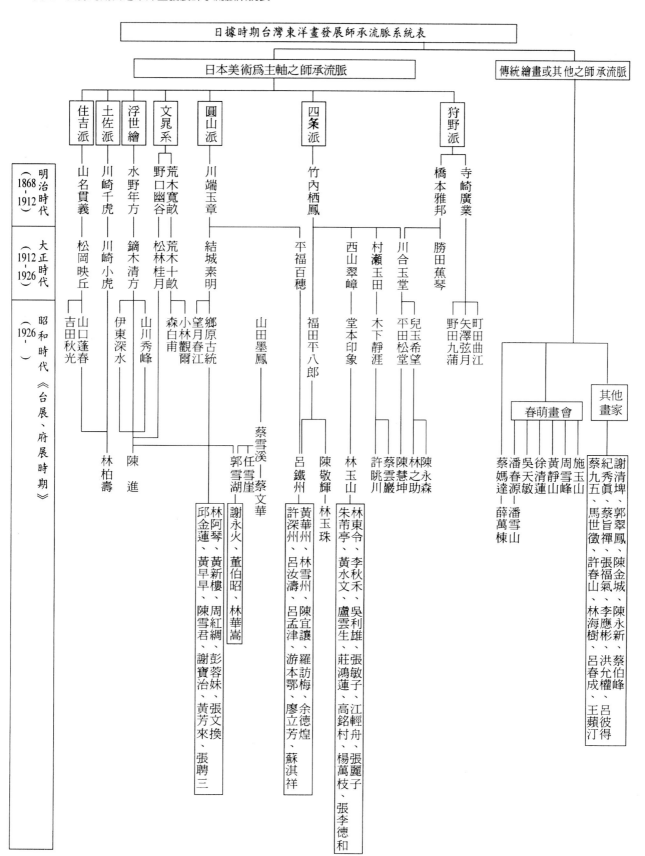

從表三中，大抵可以看出日據時期台灣東洋畫的師承主要以圓山、四条兩大主軸：

(一)、圓山派：以川端玉章爲首，由結城素明、平福百穗強調尊重個性、藝術自由的實驗作風，融入西洋繪畫取景的手法，開啓新時代的日本畫風格。而留台日籍畫家鄉原古統，在學校美術與畫會團體中發揮深遠的影響。同時在台展審查的推助下，台展中的主要台籍畫家如：郭雪湖、呂鐵州等爲軸心，形成台北地區發展的主要師承體系。

(二)、四条派：以竹內栖鳳爲首，由西山翠嶂、川合玉堂注重寫生精神的自然主義及有機生命感的寫實風格。且堅持個性，強調道德人格修爲乃畫家必備的天秉，更是優秀藝術不可或缺的基本條件，開創了新時代自由創作的風氣。留台日籍畫家木下靜涯擔任審查員及畫會指導均有其深遠的影響。以林玉山爲軸心所影響的嘉義地區的台展參展畫家，包括春萌畫會、自勵會、墨洋社、鴉社等繪畫團體成員，形成嘉義地區發展的主要師承體系。

其他浮世繪方面由鏑木清方開創浮世繪的美人畫新境界，強調個性發揮，注重人物內在修養與人格的尊高來表現人物的姿態美。其門生伊東深水和山川秀峰等影響台籍畫家陳進細膩的人物畫風格。另狩野派方面以平田松堂影響下的陳慧坤及兒玉希望影響下的台籍畫家林之助，展現纖麗風格。此外，以南畫風格著稱的松林桂月、池上秀畝、荒木十畝及其門生森白甫和小林觀爾等在內的文晁系，於台展審查的主導上，亦有其一定的影響力。

總之，不論圓山、四条、浮世繪、狩野派抑或南畫系統，在師承的主軸思想上均以寫生爲出發，並強調個性的發揮，直接或間接深入影響了日據時期台灣東洋畫的發展。

二、創作風格的分析

(一)、藝術評論的導引與制約

台灣美術展覽會的創設，根據當時文教局長石黑英彥在官方文告中指出：「……提供居住台灣美術家作爲鑑賞研究的機會，另一方面也培養公衆美的素養、情趣與思想。」[12]站在純粹發展藝術觀點，「乃希望本島的特色能多所發揮」；以教育的立場而言，冀望藉由美術展覽活動的推展，「提昇民衆生活的氣質與品味」。如此一來，不但專門美術得以發展，也兼顧到美術教育的雙重功能。對當時總督府而言，被認爲是一件重要事案看待，[13]爲台灣在有清一代文人仕士繪畫的臨摹風尙中，注入強而有力的革命性置換發展。而展覽審查標準所形成的制約反映，無疑地成爲當時台灣美術發展的重心所在。自 1927-1943 年間的官展活動，推動台灣美術發展的主軸首推官展審查過程中的藝術評論。這些藝術評論包括了審查員的審查感言及一般藝術評論，涵蓋了審查制度的走向，或是畫家創作方向的指導，抑或是一般民衆賞畫的介評與教導等，發揮了適時而積極的推助角色。而歷屆審查員審查感言內容，足以引導參展畫家作爲下屆準備的基準與方向，加上一般評論中對畫家的評斷，無形中成爲一項創作過程中的審美制約，對於創作參展者而言實爲一項直接的創作指導，包括了繪畫的內容與形式，題材與技法，觀念與潮流等諸項形成日據時期台灣東洋畫風格特徵的重要指標。從歷屆主要的藝術評論中，不難整理出當時繪畫思想下審美制約的頭緒，再佐以歷屆參展作品的內涵與題材之分析，對於日據時期台灣東洋畫風格特徵之掌握得以窺其堂奧。從主要藝術評論分析發現：日據時期台灣東洋畫繪畫思想的發展大抵分爲三期：

1.台展摸索期（1927-1929）

第一屆至第三屆的台展因尚屬初創，畫家創作的方向仍不脫審查員感言範疇而處於摸索試探階段。此期的主要藝術評論篇章計有：

期 別	審查員感言或官方文告	一般藝術評論
摸索期	〈本日開院式台灣美術展讀畫記本島人藝術家尚要努力〉 「……大體東洋畫，以內地人較爲出色，是因其努力，又得師承也，是其配色之巧，用筆之銳利，乃至於著想之處。爲本島人所不能及。……要之無論爲東洋畫，爲西洋畫，本島人皆要努力，庶幾以後可望彌踵其盛。惟努力方面，不可失之呆板，須向理想方面，尋出新生活，發揮個性，如是則於藝術上有價值也。」14 〈東洋畫鑑查雜感〉　木下靜涯 「……聽到有關四君子和文人畫、南北派、土佐派、四条派等加以責難的批評，但鑑查時不拘泥於流派，均以作品爲本位，至於入選中約半數為南宗畫，則係因習南畫者居多，相對作品也較多的緣故。……寫生和寫實不一定是畫作的全部，但全部忽視它，將使作品散漫，其結果變成不好的收場，這一點應值得注意，要想放棄寫實反而白費力氣，達不到效果。佔半數以上的風俗畫等大都是模仿居多，模仿並非完全不可以，而應是學習其方法和精神，絕不是將其他的作品作任意圖樣式的模仿，實爲藝術的污點。……」15 〈追求台灣特有的色彩　沒有遊戲的成分〉 松林審查員之談 「……我一開始以爲花鳥畫、山水畫會比較多，卻沒想到人物畫反而更多。從好的方面，向上的素質態度上看，我想半遊戲的創作成分並沒有，本島人內地（日本）人最大的差異是既要題材好又要有趣味因而出現許多缺點。其實台灣本島優秀的題材很多，今後應多努力熱心地追求台灣獨特的藝術風貌，正如東京就是東京，京都就是京都，大阪就大阪，各有其鄉土藝術，期待本島亦有鄉土藝術的表現。」16	〈台灣美術展　會場中一瞥　作如是我觀〉 「……於實寫之中，不著色相，運以南畫基礎的工夫，氣品自高，以外野間口墨華氏之曉靄，亦大可人，要之東洋畫由寫實入手極可，由寫實而不脫寫實則不可也。是亦猶法四王吳惲及明之文沈者，不可不時時返於寫實。……要之洋畫始於寫實，故以離去寫實爲佳，東洋畫容易離去寫實，故以時時返於寫實爲宜……。」17 〈第三回台展之我觀（上）〉　記者 「……▲ 全體立論東洋畫多寫台灣固有山水人物及花卉，是可看做一種鄉土藝術表現……。」18 〈第三回台展之我觀（中）〉　記者 「庶夫台展選法，注重努力創作，個性發揮，作者前途極厭惡模仿，力事寫生，畫家不可不從寫生入手，此良傾向也，但爲欲表現努力，妄筆所不應筆者，大幅便謂努力，密畫便謂努力，斯則形式上之努力也，而非精神上之努力也。精神上之努力，貴於尺幅之中，十分表現，大幅不流於粗，小幅不流於弱，或力求高尚，古人皆畢，如今此境不易臻到，其上者如陳氏進作品，奕奕如生，彼其設色，確有師承，大非獨學之人所可企及。然依然時代氣太重下，此則聯之字字必書，額之半截必書，愈迫近實則愈近於西洋畫。精神上求簡之努力，西洋畫亦不多見。……」19 〈出品者態度眞摯率直〉　東洋畫勝田委員談 「……然東洋畫所當之道，質直而前，能于大自然之中，熱誠寫生，而加以自己解釋。……而東洋畫眞髓，不獨以寫生及模仿爲能事，宜以自己對于自然之觀察使其活現。切勿沒卻本來面目，而爲平凡之顏料塗抹家也。」20

綜觀初期台展的藝評論，審查員感言或官方文告與一般藝術評論的份量相當，主要內涵與影響爲：以南畫逸致，注重個性，放棄模仿爲主調。追求獨特台灣本土藝術，以精神爲尚強化自己對自然的觀察，並透過寫生還原自然本來之面目。一洗清末以來傳統繪畫臨摹的弊端。

2.台展型盛期（1930-1937）

「台展型」風格的評論首先在台展第四屆被提出，之後直到第十屆在入選台展的前提下，形成一味追求重彩平塗細肖惟工的格調，漸失南畫的精神，特別是花鳥畫滿幅密填式的構圖形成所謂台展型的表現形式。主要藝術評論篇章計有：

期　別	審查員感言	一般藝術評論
台展型盛期	〈驚嘆於一般技巧的進步以鄉土取居多〉 松林審查主任談 「……大體以花鳥居多，人物次之，動物甚少。東洋畫一般有寫實的傾向，而迄今之因襲，全失其影，此非爲該會致意者，或因一般之趨勢，其取材于鄉土之風物及花鳥，固屬當然，殊爲可喜，審查委員各無嚴選或寬選之意思，只就其優秀者以次選取，標準之高低，乃年之作品如何，所不得已也。人物畫爲難畫，重是否研究不足，入選無多，花卉頗多可觀，殊如女流之作品，具有適宜素質者，堪爲注目。余以二三次所觀之眼，而當此回之審查，一般技巧之進步實覺驚嘆，唯落選作品中，有拘于會場藝術之意識，遂見塞密構圖，或濃厚彩，色終歸於無意味之努力，殊爲可惜。希望作家決勿考慮會場之空氣，而爲情之作品，努力作畫之事，勿爲必要以上大作，或細密描寫，而爲暗色彩色，爲其畫效果的生動必須苦心慘也。」[29] 〈預期以上的好成績〉 結城審查員談 「……一般來看技巧非常進步與洗鍊，新入選者受到先輩的適當指導有著長足進步……而台展與文展一樣，作品出品數已減少，一般傾向來看，其內容充分展現出台灣的地方色彩……」[34]	〈第四回台灣美術展覽會之我觀〉　記者 「第四回台灣美術展與前三回有異乎？曰有異，東洋畫之努力與質皆著爲向上，而且東洋畫多大幅力作，然細觀之，則似無異。何則東洋畫乃不脫於寫生，務求細求工，維神維肖，然不知有一味寫意，爲難能而可貴者，故逸品難得。又全般似注重於用色，務使之鮮麗，調和，或表現作家之感想反是關於筆力之如何，殆閑卻之，長此以往無論不能得入於南宗畫……其畫一味接近洋畫，是即青年畫家之所謂新。所謂科學的研究，所謂的創作，不知青年畫家此三種標語，不知不覺之間，反受台展型之縛住，不能自脫。……若夫學問則更難養，須畫中有詩，有書卷氣，謂之南畫。須詩書畫三絕，印章金石亦精，朱肉 ▢，署款大小位置得宜，大點固佳，小品亦雅，此台展曾不多見。……」[21] 〈第五回台展我觀（上）〉　記者 「……筆無夾雜，題面神韻自然流露，大家之筆墨。大可爲未能刪繁就簡者法也。……」[22] 〈第五回台展我觀（下）〉　記者 「統觀東洋畫全體，若從佳處論則顯示進境，雖曰嚴選結果，抑亦努力使然，可惜十之八九書法圖章，落款位置依然拙劣，而畫題與畫境往往不稱，或欠雅馴，又過於寫生求工太繁之病終莫能去，甚至有以墨及其他顏色塗抹空處以顯示深淺，是則有待於爲學求悟，或以書道作畫及探討古賢墨跡神而明之以取法乎上，涵養夫書卷氣者也。……」[23] 〈台展會場之一瞥（上）〉東洋畫依然不脫洋化而西洋畫則漸近東洋　記者 「第六回台灣美術開矣，鄉土藝術高唱入雲之今日，此三百十有日間之進步如何亦一般所欲也。東洋畫第一室施玉山氏之秋色靑紅壇寫自是台展式……」[24] 〈台展會場之一瞥（下）〉東洋畫依然不脫洋化而西洋畫則漸近東洋　記者 「……純用墨水者殆無施而不可，要之北畫尚氣魄，南畫重神韻，其於山水，概講嫩法，今之所謂東洋畫者，十之八九彩色塗染，惟形惟肖，重全幅之努力，而不暇顧一點一線及所謂士氣者，於是例年之台展型，難於革新。甚有與洋畫構造接近，又其趨向槪多巨幅密壇，畫題信手拈來不成妙諦，是故有會場藝術之稱。不宜位置於茶熟香溫，窗明几淨，而爲竹籬茅舍，騷人墨客之所觀賞也。……夫西洋畫之接近東洋畫，固爲可喜，東洋畫之迫近西洋畫，亦自不惡，神而明之，諸指導者咸有其責，雖然東洋畫實難，除賣弄丹靑而外，所貴乎讀書習字以養成士氣，有志復古一面求新而勿徒以會場藝術自終，爲台灣鄉土藝術，發揮眞價幸甚。」[25] 〈第七回台展之我觀（上）〉　潤 「……東洋畫依然不脫巨幅，及對於一幅多費時間之努力，刺繡的色彩穠艷習氣，然而全體覺有一種清新韻，流動其間……大體東洋畫不可堪者，莫如色澤重疊厚塗，及樹木之色彩，用筆染色，效西洋畫作大破圈，或橫塗竪抹者。畫之生命，貴有個性，無個性之表示者，前途可知，而內台人作品不同之處，內地人槪淡，本島人槪濃，但如蕃鴨與家鴨，卻又不同。……」[26] 〈第七回台展之我觀（下）〉　潤 「審查員所選大都爲巨幅，爲對於多費時間之努力，畫之過程容或不得不爾，實則其歸結則異是也。所以者何，結城素明審查員之山查子，是其明證。山查子何嘗有絲毫會場的及刺繡的藝術氣氛，山查子顯示人以正途，但此種簡潔之境地未易臻耳，鄉原氏端山之夏，皴法不肯多筆，叢樹力求整鍊，亦居然含有一種南畫的及脫去台展型之暗示，存乎其間惟山上之天光雲影，則又不然者也。……」[27]

期　別	審查員感言	一般藝術評論
		〈今年的台展南畫新傾向的改變不少〉　鷗亭生 「台灣東洋畫部南畫新芽的成長，實為令人喜悅的現象，台灣的台展在這方面受到日本畫壇的刺激與指導的情形下，持有如此的意氣。……就美術家的製作態度來說，最低的基準是應具真誠，作品如缺乏真誠，有如行屍走肉，真正美術作品若沒有作者的靈魂真誠地與繪具結合，是做不到的，此一態度如何即可分辨其是否為真藝術。」[28] 〈台展的作品一筆帶過〉 「……豪華絢爛的色彩正道出謳歌開發美的世界，大部分的繪畫可看出鮮明細心的描寫，例如花鳥畫中把一葉一葉的美生動配合著色彩的塗染，細微地努力程度，實令人敬佩。然而這樣細心緻密的做法，並不能成為物體本質感的表現。 這類寫生的東洋畫之精神，看來已破壞了優美的尊重，表面的觀察與現實美麗的色彩無法眩惑者的眼睛，如被華麗的色彩所奪，則距真實的美將遠離了許多。綺麗的繪畫，不止是受限於繪具的性質，尚須繪師才能描寫出來，只有看到綺麗而前進，非美的追求。美的描寫雖成為畫家的要素，而忘卻美的描繪，只單純追求綺麗的事，則顛覆與偽造將充滿會場，從帝展的現象來看，台展是欠缺的。」[30] 〈畫壇縱橫（上）〉　野村幸一 「本年度的台展會期已近，作家們已熱切地努力製作。思考如何描寫？如何表現？應是畫家首先面對的問題。就質與量，現在的展覽會傾向量的製作為多，巨大淺薄的內容作有如茶水之混濁，這樣的製作非忠實創作，製作乃作家生命的表現，而微細如塵的虛偽不可當作正事來看，個性的存在應被認為言之有物的表現，不可自欺欺人。應真實赤裸地表現在繪畫中。以虛偽不好的表現自己之畫家其作品與場合應遭唾棄。……」[31] 〈台展如是我觀　推薦四名皆本島人　鄉土藝術又進一籌〉 「……皆稱本年選取之嚴，入選畫確有一顧之價值，宛然有小帝展之觀也。台灣畫壇，本島人獨擅勝場者允推鄉土藝術，如東洋畫之三次特選，蒙推薦之榮者，初則台北呂鐵州郭雪湖兩氏，繼則嘉義林玉山氏，西洋畫之被推薦者，厥惟嘉義陳澄波一人，四人皆本島人。而內地人尚無一人，可謂榮矣……。」[32] 〈台展東洋畫一瞥〉　潤 「台展東洋畫年年進步至為可喜，殊如本年東洋畫出品件數增加，最強人意，夫畫技倆見識二者並行，技倆須由寫真入手。自形似而至於神似，由大眾美而至於高貴的美，見識非其人多讀書，多閱歷名人真跡。虛心平氣，與良師益友朝夕尚論，往往自作聰明，陷於邪僻，間嘗論台灣漢詩中擊吟以詩會友，藉以鼓吹漢學為法甚便，然其縛束情性苦將題字咬死，多用死典了無生氣，甚貽害或更甚於前清時代八比制藝，台展亦然。其弊害有五： 　　一、苦被人譏為守舊，煩悶求變（善為佳）。 　　二、欲人承認為力作，布景務繁。 　　三、意大幅即力作，絕少小品瀟洒可喜者。 　　四、過於粉飾。 　　五、畫筆非從書卷氣及書道得來。 　　六、名曰東洋畫，往往追隨西洋畫。 雖然台灣東洋畫入選之中固多傑作。非謂人盡如是，亦猶吾人雖痛擊吟漢詩之弊，而擊吟詩中之老手作家亦時有可傳之作，未許一切抹殺。……又吾人所謂之粉飾者蓋台展之畫，類多用粉，故色澤過於鮮麗，至疑其為用絲繡成者。內地小室翠雲氏所主盟之畫風絕少穠麗，疑台灣環境富光與熱然歟，而其繪事一味用填，非一筆化去者，此大有改良餘地。……而台展選則則泰取相當之人又無情事，故年年著為進境，寫生而外，若更向習字及書卷中求益，其進展正未可躐余望之。」[33] 〈台灣東洋畫拉雜談〉 「……本年東洋畫出品僅 67 點，少於前年 41 點，良由三高女教員鄉古統氏退官，其徒自昨年來即少出品。本年更有秋風落寞之感，斯界全盛之諸羅，本年亦多不出品者。第八回特選盧雲友君以事不得展其技，尤可惜也。統觀全體出品點數雖少，而藝術精進。諸審查員皆為之讚美，稍嫌一部分著色未工惟事塗抹，填塞滿紙，而少生動之氣……」[35]

綜觀此期主要藝術評論，一般藝術評論不論是質或量均多於審查員感言或官方的文告。這些評論主要指出：雖以寫生為主但未求著色沉著，去穠艷而達筆無夾雜刪繁就簡之功力，以致偏離南畫精神，且一味追求細工惟神惟肖，色彩鮮麗，巨幅密填的台展型於焉形成。在高唱鄉土藝術的同時仍以入選為尚的會場藝術為考量，有失真誠個性的創作真諦。在技法洗鍊的同時仍延續台展型的風格，色澤鮮麗，填塞滿紙惟事塗抹的寫生手法，失去物體本質感的美，而缺少生動的力作。西洋畫構圖的形式，缺乏點線的表現已與中國固有繪畫表現形式相去甚遠。

3.台展型晚期（1938-1943）

自府展第一屆到六屆受到前期藝術評論的影響，大體而言以寫生為主，在繁複填塞的畫面已漸趨舒緩，虛實變化的運用較盛期來得多。本期主要藝術評論不論在數量與質涵上，顯然受到戰事的影響逐漸減少，整體而言台展在盛期的台展型已蔚為風氣，此期的評論顯得薄弱了些。此期藝術評論主要指出：處於戰事的緊張時局下致作品銳少，在地方展的特色中仍以寫生為主，並透露出強有力的寫實功力，惟素材定型化的結果顯得缺乏創新活力與變化。主要藝術評論篇章計有：

期　別	審查員感言	一般藝術評論
台展型末期	〈松林審查員談〉 「今年作品比去年少，應是沒自信者不出品之故，可見出品者已有自重的傾向。我今年擔任審查已第四次，往年看到內容素質年年向上，值得肯定。出品的風貌已有所改變，主要是花鳥畫居多，此與本地的題材有關，而且寫生的作品也不少。要注意避免不必要的塗染與畫面的卑俗。風景畫不論那一種展覽會均減少，人物畫因基礎研究不足或擔心落選而減少，像這樣的台展或其他展覽會，不應有會場藝術的想法，即使小品也應以藝術良心樂於欣賞的角度為之才是。」[39] 〈野田九蒲審查員談〉 「又一次參與這屆審查工作很是高興，不必理會個人出品不出品的問題，全体而言大致平順。時局景物較少，可能沒有隨軍畫家之故，從自己約束的努力觀點來看，整體成績仍然很高，但若要達到內地（日本）中央畫壇的水準，尚須進一層的努力。」[41] 〈審查員談話〉 「在時局的影響下，堅實的作品卻仍不少，期待向健全藝術之道邁進。」[43] 〈審查員望月春江〉 「台灣已成東亞共榮圈南移的中心，美術的飛躍發展令人面目一新，府展的使命感愈來愈重大，而有更進一步的努力。府展作家對於時局下的種種不便予以克服。參展數量增加了六點。直接取自時局的題材或其他東西，可說作家對時局有很好的認識。透過畫面以彩筆報國感到很高興，就內容、表現技法、筆意而言，均具真誠的態度創作。沒有生澀的作品，一般成績均很好，受到審查員的讚賞。時局下，作家專注於探索自然，疏於研究古代及中央畫壇的氣息，為美術報國而更加精進。」[44]	〈府展漫評（一）從台展到府展〉　鷗汀生 「文化背景稀薄的台灣教育會在十年之間以台展之名，每年秋季開辦美術展覽會，推展美術的進步及大眾情操教育的寄望可說有著相當豐富的成效。整體而言經過十年由台灣教育會主的台展已經歷一階段，現正轉向另一新的嘗試。舊台展會友的建議獲總督府的善解回應理解才有今日的府，而首屆府展的熱鬧開幕實為台灣文化而祝福也。……東洋畫方面其韻之缺在於暗鬱無氣力之表現……」[36] 〈府展漫評（二）從台展到府展〉　鷗汀生 「官設第一回展的當今，應認真思考何以較少凝聚功夫於新研究作品的問題。這方面東洋畫收穫更少，實為堪慮之事，在構想和技巧的新研究作很少見到，站在鑑賞家的立場實頗感無奈……」[37] 〈台灣美術界秋之展望　對府展的期待〉　飯田實雄 「……在府展的條文中富有台灣的地方色彩的要求，並非單指殖民地之土產繪畫，而是指台灣應有本身獨自的思維解讀才是。否則無是一種文化上地方性的自殺，此乃值得深思考慮的問題。不能沒有本格及其流派所衍生的支流，在台灣如此，在日本亦復如此。這應該是府展所期待的東西。星期日畫家及愛好者這類如無法創作出名作的話，應加以排除乃屬必要。尤其對其技術與主題創作的要求，應更嚴格的態面對之。」[38] 〈第二回府展的觀感〉　野村幸一 「……整體看來，寫實的描寫相當強盛有力，此乃拜審查員眼光所賜，府展充分表現出地方展特色，所謂地方色彩狹義而言，係通過多數作家的注目，樂於寫實描寫本身自己的東西。而良好的作品意含著觀念性、內容豐富及色彩的教養等相關的東西。……」[40] 〈台灣美術論〉　立石鐵臣 「……台灣的繪畫是由所謂日本畫的東洋畫部和油畫、水彩的西洋畫部各行其事的定型化所組成。東洋畫部入選的水準較之西洋畫部較低，就整體接受的感覺而言，對新的動態掌握東洋畫也相對薄弱，因定型化的樣式缺乏創新的意味所致。日本畫傳統上也有纏足不前的情況，對台灣製作不利的條件是不若油畫的表現較多趣味性，這是日本畫革新必需加以考慮的因素。否則今後東洋畫這種低狀態的情況將持續下去。而所謂日本畫素材的差異上，如能具備萌芽育成的條件，則東洋畫的發展是不必悲觀的。……」[42]

綜結以上歷屆主要藝術評論指出日據時期台灣東洋畫的發展過程中，初期的風格從摸索爲始，以南畫爲導引強化個性，摒除模仿爲主軸，受鄉土藝術觀念的鼓勵，走向以花鳥畫爲題材表現台展型的穠麗工細的會場藝術氣氛。台展型的走向背離南畫精神，雖以洗鍊手法，展現巨幅密塡，艷麗細肖的台展型風格，仍導致所謂定型化，缺乏創新的批評。爲了對台灣早期膠彩畫發展作一全盤概括性的了解，茲將藝術評論與作品風格之間就其演變與發展的關係分析如表四。

表四　日據時期台灣美術展覽會藝術批評與東洋畫風格演變關係表

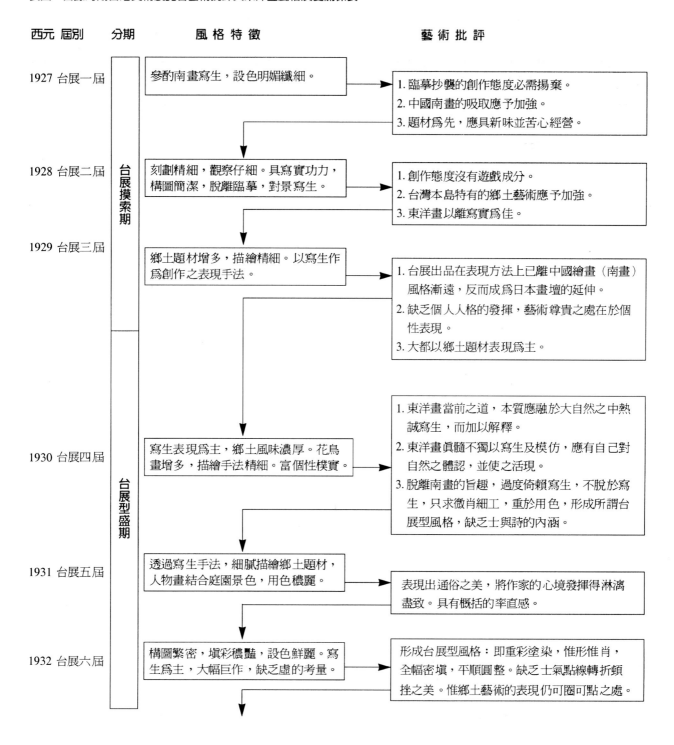

西元 屆別	分期	風 格 特 徵	藝 術 批 評
1927 台展一屆	台展摸索期	參酌南畫寫生，設色明媚纖細。	1. 臨摹抄襲的創作態度必需揚棄。 2. 中國南畫的吸取應予加強。 3. 題材爲先，應具新味並苦心經營。
1928 台展二屆		刻劃精細，觀察仔細。具寫實功力，構圖簡潔，脫離臨摹，對景寫生。	1. 創作態度沒有遊戲成分。 2. 台灣本島特有的鄉土藝術應予加強。 3. 東洋畫以離寫實爲佳。
1929 台展三屆		鄉土題材增多，描繪精細。以寫生作爲創作之表現手法。	1. 台展出品在表現方法上已離中國繪畫（南畫）風格漸遠，反而成爲日本畫壇的延伸。 2. 缺乏個人人格的發揮，藝術尊貴之處在於個性表現。 3. 大都以鄉土題材表現爲主。
1930 台展四屆	台展型盛期	寫生表現爲主，鄉土風味濃厚。花鳥畫增多，描繪手法精細。富個性樸實。	1. 東洋畫當前之道，本質應融於大自然之中熱誠寫生，而加以解釋。 2. 東洋畫眞髓不獨以寫生及模仿，應有自己對自然之體認，並使之活現。 3. 脫離南畫的旨趣，過度倚賴寫生，不脫於寫生，只求微肖細工，重於用色，形成所謂台展型風格，缺乏士與詩的內涵。
1931 台展五屆		透過寫生手法，細膩描繪鄉土題材，人物畫結合庭園景色，用色穠麗。	表現出通俗之美，將作家的心境發揮得淋漓盡致。具有概括的率直感。
1932 台展六屆		構圖繁密，塡彩穠豔，設色鮮麗。寫生爲主，大幅巨作，缺乏虛的考量。	形成台展型風格：即重彩塗染，惟形惟肖，全幅密塡，平順圓整。缺乏士氣點線轉折頓挫之美。惟鄉土藝術的表現仍可圈可點之處。

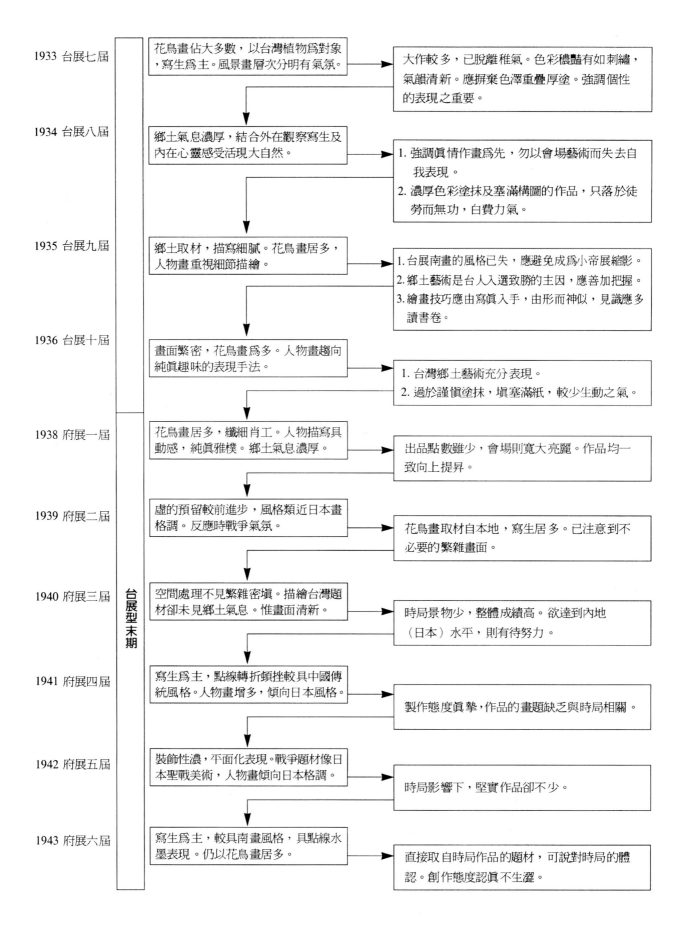

1933 台展七屆　花鳥畫佔大多數，以台灣植物爲對象，寫生爲主。風景畫層次分明有氣氛。　→　大作較多，已脫離稚氣。色彩穠豔有如刺繡，氣韻清新。應摒棄色澤重疊厚塗。強調個性的表現之重要。

1934 台展八屆　鄉土氣息濃厚，結合外在觀察寫生及內在心靈感受活現大自然。　→　1. 強調眞情作畫爲先，勿以會場藝術而失去自我表現。　2. 濃厚色彩塗抹及塞滿構圖的作品，只落於徒勞而無功，白費力氣。

1935 台展九屆　鄉土取材，描寫細膩。花鳥畫居多，人物畫重視細節描繪。　→　1.台展南畫的風格已失，應避免成爲小帝展縮影。　2.鄉土藝術是台人入選致勝的主因，應善加把握。　3.繪畫技巧應由寫眞入手，由形而神似，見識應多讀書卷。

1936 台展十屆　畫面繁密，花鳥畫爲多。人物畫趨向純眞趣味的表現手法。　→　1. 台灣鄉土藝術充分表現。　2. 過於謹愼塗抹，填塞滿紙，較少生動之氣。

台展型末期

1938 府展一屆　花鳥畫居多，纖細肖工。人物描寫具動感，純眞雅樸。鄉土氣息濃厚。　→　出品點數雖少，會場則寬大亮麗。作品均一致向上提昇。

1939 府展二屆　虛的預留較前進步，風格類近日本畫格調。反應時戰爭氣氛。　→　花鳥畫取材自本地，寫生居多。已注意到不必要的繁雜畫面。

1940 府展三屆　空間處理不見繁雜密塡。描繪台灣題材卻未見鄉土氣息。惟畫面清新。　→　時局景物少，整體成績高。欲達到內地（日本）水平，則有待努力。

1941 府展四屆　寫生爲主，點線轉折頓挫較具中國傳統風格。人物畫增多，傾向日本風格。　→　製作態度眞摯，作品的畫題缺乏與時局相關。

1942 府展五屆　裝飾性濃，平面化表現。戰爭題材像日本聖戰美術，人物畫傾向日本格調。　→　時局影響下，堅實作品卻不少。

1943 府展六屆　寫生爲主，較具南畫風格，具點線水墨表現。仍以花鳥畫居多。　→　直接取自時局作品的題材，可說對時局的體認。創作態度認眞不生澀。

(二)、作品風格的分析與特徵

台、日籍入選（或參展）東洋畫作品之題材，依十六屆的台、府展包括台籍與日籍展作家大抵上可區分為風景畫、花鳥畫、人物畫及其他等四項，各類題材區分如下：

1.風景畫：

台展風景畫大致以台灣農村景象或高山大川為描繪對象。或以線條為主要表現方式，充滿筆趣墨韻描寫台灣景色，或以傳統筆墨技法詮釋生活周遭景致，特別是農村寧靜清閑、烟嵐飄渺氣氛的掌握恰如其分。鄉土作品以寫生為主，取材於農村或生活周遭之景色，在詮釋鄉土氣息的手法上形成了華麗、樸實、風俗、寫實型等四個不同類型。

⑴ 華麗型：

在台展型盛期採西洋視點以繁麗複雜的景物，接近滿幅的方式構圖，細膩刻劃描寫景物，產生清新亮麗、整潔有秩的畫面。如郭雪湖「圓山附近」（台展二屆），「新霽」（台展五屆），蔡永「靈石的芝山岩社」（台展四屆）。

⑵ 樸實型：

則具濃厚鄉土意味，主要以農村景色為素材之表現。畫面上注意虛實變化的空間處理，用筆意簡拙樸，傾向烘染手法，呈現樸實無華、清閑無爭的寧靜氣象。如林玉山「白雨迫」（台展八屆），徐清蓮「曉」（台展八屆），呂鐵州「平和」（府展三屆）。

⑶ 風俗型：

則以民俗節慶為素材，表現台灣民情風俗的一面，紀實手法表現鄉土藝術的風格。常以俯瞰式構圖佈局，描繪人群的舞動，滲入西洋透視方法，概念化的造型排列組合，形成拙樸簡潔的趣味。如郭雪湖「南街殷賑」（台屆一屆），施玉山「朝天宮之祭」（台展三屆），蔡雪溪「扒龍船」（台展四屆）

⑷ 寫實型：

寫實作品以西洋透視法取景構圖，運以寫實手法描寫台灣山川景色，有如照像及親身目睹般的逼真感，很接近西洋風景畫的風格，比較缺乏中國傳統筆墨的精神。如陳永森「清澄」（台展九屆），林玉珠「河口的燈台」（台展十屆），林之助「多日」（府展四屆）。

2.花鳥畫：

就台展府展十六屆的參展作品中，台籍方面，花鳥畫作品件數遠超過風景畫及人物畫之作品。歷屆花鳥畫的成長均持續增多，以台展第七屆和府展第三屆形成兩次高峰，其風氣越來越盛。而風景畫除第四屆外，與人物畫入選件數均低於十件，此更襯出花鳥畫在官展期間具有主要的地位與份量；日籍方面，前幾屆人物畫和風景畫入選件數均優於花鳥畫，自台展第五屆起，花鳥畫則逐漸取代成為主要的表現題材（見表五台灣美術展覽會歷屆參展作品畫科總數統計表）。因此，不論台籍或日籍，在東洋畫入選官展的作品中仍以花鳥題材佔主導的地位，主要的台籍畫家以台北地區呂鐵州和嘉義林玉山所指導的參展畫家為主。

台展花鳥畫，以折枝植物、花卉、鳥蟲為主要表現者。綜觀台展東洋畫部花鳥畫的風格，不論台、日籍均以寫生手法，運用墨色層染預留白線描寫植物花卉葉脈，莖幹間或以線條勾勒再層染之。長形葉往往以粗細變化線描方式勾邊、提葉脈，特別重視寫生精神。初期重視虛的運用與處理，以疏空手法營造花叢莖葉的空間遠近，兼及筆線墨染烘襯，或上密下疏，或下密上疏，融洽自然。盛期花鳥畫，台籍畫家以幾近滿幅密填的構圖迥異於日籍。在運用筆線方面，台、日籍畫家往往皆以墨染兼線描鈎勒混合運用，使莖枝葉脈與花瓣葉片的挺仞柔嫩得以搭配妥貼。受到藝術批評的影響，台展末期的花鳥畫一改盛期滿幅的構圖方式，將「虛」的運用重新定位，成為有虛有實的調和表現。疏空或聚合的處理也較中期變化大。構圖的經營偏向平面化、圖案化，形成貼進空間的表現，具有如音樂般的律動感。

3.人物畫：

台展人物畫主要台籍畫家以陳進出品最多，次為陳敬輝、陳慧坤及林之助等人。構圖在主要人物之外以室外為襯托背景

者居多，特別是以植物為主要襯托，呈現出人與自然的親密和諧關係。有時背景化約為空白有如中國壁繪手法，來突顯主要人物。服飾以唐裝為主，其他尚有日本和服、原住民服飾及現代改良式洋裝。唐裝人物以線鈎出衣飾輪廓，配以平面化裝飾圖案之手法，呈現清純之美。日本裝則以華麗衣飾表現，人物臉型與髮型則迥異於日本浮世繪的人物造型，特別是髮型，不若日本浮世繪的誇張，較為單純化，表現出一種婉約含蓄的氣質美，人物表現另有變形拉長的手法表現，造成修長高貴的視覺效果。在原住民人物表現上，衣飾描繪以烘染為主。就台、日籍畫家的表現論之，兩者均以描繪女性靜態氣質之美為主。以平面化裝飾圖案展現親切活力的格調。皆以民族性服裝呈現人物畫真實之美。而台籍在華麗的衣飾表現中，仍不失其婉約的特色。不若日本人物畫在髮型及裝飾的繁複與誇張。

4.其他：

以水族、畜獸之創作為主，件數所佔比例極少。畜獸畫以水牛表現台灣鄉土題材居多，如林玉山、林東令及黃靜山等人；而水族畫則以傳統水墨手法，藉游動的鯉魚展現生命的律動。兩者在構圖上較不屬台展型的風格，反倒有南畫的水墨格調表現向，如謝清埤、廖立芳等人。

官展作品中花鳥題材之所以成為當時畫家最喜歡表現繪畫內涵，主要係受到鄉土藝術和寫生觀念普遍，以及取材方便等諸因素的影響，加上師徒關係大都以花鳥畫為指導，例如集中在台北和嘉義兩地區，鄉原古統、呂鐵州及林玉山三人的指導下有過輝煌的成績，使得花鳥畫成為主要畫材。而台展審查既強調寫生，為了長期仔細觀察，作為細膩表現之對象，也唯有花鳥題材較適合。人物畫題材的創作，一則台籍真正受過學校訓練的畫家不多，相對地人體之描繪難度遠超過花鳥為題材之創作；而風景畫的取材因必須遠赴各地奔波方覓得適合的題材，其所耗損的體力和時間，遠多於花鳥所需的倍數，因而助長了花鳥題材的盛行。

總之，無論風景畫、人物畫或花鳥畫在題材展現鄉土氣息，以平面化、裝飾圖案形式，展現幾近滿幅的密填構圖，融入寫生的觀念，配以寫實手法，將台灣特有鄉土景物作細膩描寫，用色穠麗鮮艷，缺乏強烈個性的表現及時代思想的詮釋。

表五　台灣美術展覽會（含府展）歷屆參展作品畫科總數統計表

籍別	科別	台展入選										府展入選						累計
		一	二	三	四	五	六	七	八	九	十	①	②	③	④	⑤	⑥	
台籍	花鳥	2	3	4	5	10	18	21	1	15	15	14	19	24	14	20	15	214
	風景	2	3	5	12	4	7	7	5	4	8	5	2	4	6	1	4	79
	人物	1	3	4	5	4	5	4	3	2	5	4	3	2	6	5	3	59
	其他	1	2	6	1	1	2	2	4	3	1	0	2	0	1	1	0	27
	統計	6	11	19	23	19	32	34	27	24	29	23	26	30	27	27	22	379
日籍	花鳥	10	3	3	5	5	8	17	13	5	4	5	4	4	4	4	6	102
	風景	12	9	8	6	5	9	7	8	8	9	3	2	3	5	3	5	102
	人物	6	2	3	8	5	5	4	6	5	5	3	2	2	4	4	6	69
	其他	0	1	0	0	1	0	0	0	0	0	0	1	0	0	0	1	4
	統計	28	18	13	19	15	23	28	27	18	18	11	10	10	10	11	18	277

※ 本表根據台展府展計十六屆全部作品統計列表。

三、發展走向的分析

㈠、發展的本質

就整體發展過程而言，日據時期台灣東洋畫雖類近日本畫的形式與內涵，但其發展的背景與特殊環境下，實不應與日本畫劃上等號。

1.就外在因素而言

在日本同化殖民政策的主導下，台灣雖一度因缺乏專門美術教育致使台籍習畫者必須遠赴日本留學，未能留學者也受來台日籍美術教師之影響，或以自學方式或以師徒關係習畫，可說直接或間接習自日本的繪畫的形式與技巧，但在日本畫家藝術良心的驅使下，仍不斷期望台灣畫家能夠擁有自身鄉土的獨立發展與風格。可從十六回前後一致的官展藝術批評中獲得明證。就官展審查制度而言，雖審查員幾乎是清一色日本人，但不論在台或來台的日籍審查員均一致強調寫生，重視鄉土藝術，與上述日本教師的藝術觀可說相互呼應。如此塑造出的台灣第一代東洋畫家，在本質上已不純然受同化殖民政策、美術教育或官展制等外在因素所限制，淪為日本畫的附屬。畢竟在內涵上，已隱含台灣本土的意識與風格。

2.就內在因素而言

在整體官展表現中，仍以原承受中國傳統繪畫而有傑出表現的台籍畫家為主流，如林玉山、郭雪湖及呂鐵州等。林氏從小即在嘉義老家的裱褙店中，浸濡中國傳統繪畫。雖曾留學日本，然其繪畫的歷程，正代表著台灣美術發展不同階段的典型。郭氏則以自學方式，突破美術教育的藩籬與限制。在未參加官展之前，曾自謂通習中國傳統的南北畫，此亦可從其首回台展入選的「松壑飛泉」一作見其一斑。呂氏原本也曾以「百雀圖」一作為各方看好入選台展佳作的台籍畫家，其承繼中國傳統繪畫的底子自不容置疑。其後因官展的落選，才發奮前往日本習畫，而後在官展中成為出品點數最多的佼佼者。其他台籍畫家如蔡雪溪、蔡九五、呂汝濤、潘春源、朱芾亭……等，也都具有中國傳統的繪畫基礎。這種具備中國傳統繪畫基礎下所建立的台灣東洋畫，實質上已非純為日本畫的翻版。

(二)、發展的特色

日據時期台灣東洋畫的發展在繪畫導師與師承流脈上，承繼以寫生為出發，發揮個性，摒除模仿的特質。加上藝術評論的引導與制約，創作的題材以細肖密填色鮮穠麗的特徵展現，其發展具有下列四項特色：

1.官展主導形成繪畫典型

殖民政策下的台灣畫壇，在官展積極性、正面性的鼓勵及審查方向的制約下，使得清朝末年在台灣尚未來得及生根的上層文士畫與民間閭習畫風無法隨著官展的推展形成縱的連接與成長。這種突兀的轉變，使從事傳統繪畫的老一輩畫家一時之間很難調適，相對地造就了新一代接受新式美術教育或觀念的年輕畫家。

由於官展制度的規範及審查員審查的方向主導，加上當時的官展是台灣美術界成名與發展的唯一途徑，參與的畫家無論台籍或日籍無不全力以赴。為求入選，必然針對官展的走向，視為努力的首要目標從事創作。特別是在官展的盛期愈發明顯。故台展東洋畫的發展，到了第七、八回之際，無論在出品點數或風格特徵上均出現明顯的發展典型。以花鳥畫為主要表現的體裁，呈現出新的繪畫走向與時代風格。即所謂「台展型」：重視色彩塗染，惟形惟肖，全幅塞滿的構圖經營，線條平順圓整，缺乏士氣的韻涵。

2.風格發展與藝術批評緊密的結合

日據時期台灣東洋畫整個繪畫風格的發展，深深受到官展各回藝術批評的影響與鞭策。當時藝術批評透過報紙或雜誌（如台灣日日新報、台灣時報）適時地針對各回官展作品的優缺予以評價。包括審查員的審查感言、一般性藝術介評及專門性美術評論等三方面。兼顧到對藝術欣賞者的需求，藝術創作者的指導及整體官展制的反省。可說是具有一套完整的藝術批評制度。也因此在十六回的官展中形成具有明顯清晰發展的軌跡可尋。

3.具有濃厚區域性發展的地方色彩

日據初期台灣畫壇受到日本當局為求治安良好所採取軟硬兼施的各項法制措施，更使得地區性的發展色彩亦趨濃厚。到了官展期間，由於台灣未有正式美術學校的設置，美術教育的工作遂落入民間畫會及以師徒關係的學習上。無論是畫會或師徒學習均與地域性具有化不開的濃厚關係。特別是當時日本總督府的所在地台北以及素有美街之稱的嘉義地區，更

成爲官展中獲選最多的兩大地區。形成以地區性的團隊努力以求入選官展的特殊現象。如台北地區鄉原古統任教的台北第三高女及女子短期大學，入選官展的女畫家。呂鐵州的南溟繪畫研究所下的台籍新一代東洋畫家。嘉義地區林玉山所指導的地方畫會與研究團體的成員。

4.重視寫生和強調鄉土藝術的觀念執著普遍

就十六回的官展和民間畫會的作品而言，日據時期台灣東洋畫家的創作態度均傾向以寫生的手法，將日常周遭所見所感，忠實表現在畫面上。受到官展審查方向的鼓勵與刺激，更朝向以鄉土藝術作爲藝術表現體裁的對象。特別是在花鳥畫或風景畫的創作上，更有明顯的跡象可尋。即使人物畫也以亞熱帶台灣常見的植物爲背景加以襯托或以台灣農村、漁村生活內涵作爲表現的主題。這種結合寫生與鄉土藝術的創作，成爲日據時期台灣東洋畫發展的主流。已使清末以來台灣傳統繪畫無論就質與量而言，均呈現飛躍式的極大轉變。

四、結論

綜結言之，日據時期台灣東洋畫雖深受日本影響，仍承繼中國傳統繪畫的本質，在重視鄉土藝術與寫生精神的主導下，融入西洋畫取景構圖和空間表現的技法，仍不失爲具有本土風味的藝術表現。同時結合寫生觀念運以鄉土藝術爲內涵，表現出平面化、穠麗細膩的風格，形成台灣美術發展史上奇特的一個類型，可說是時代產物下的奇葩。是一項新的轉變、突破與發展，應加以了解、繼承與發揚。再者，膠彩畫旣源於唐朝「金碧山水」、「靑綠山水」等重彩院畫風格，繼承唐宋鈎勒塡彩的華麗畫風，具有層層敷染，透明或不透明的靈活表現特色，適合描寫色彩繽紛、華麗的工筆細膩風貌；也適合表現堅實肌理，類似西洋畫重彩厚塗的手法。其寬廣的表現領域，實値得倡導與推展。

（作者爲台灣美術史研究者，目前任教於國立台南師範學院）

註釋

[1] 〈美術運動專號〉，《台北文物》季刊第三卷第四期（台北市文獻委員會發行，1954.12.15），頁9。

[2] 日據時期官方文告主要論述計有：

　　(1)若槻道隆，〈台灣美術展創設前後〉，1935年（昭和10年）11月號《台灣時報》。

　　(2)鄉原古統，〈台灣美術展十週年所感〉，1936年（昭和11年）10月號《台灣時報》。

　　(3)塩月善吉，〈台灣美術展經驗談〉，1933年（昭和8年）11月號《台灣時報》。

[3] 塩月善吉，〈談台灣美術〉，《台灣時報》1933年（昭和8年）11月號，頁29：

　　「……是否台灣美術展覽會應設立之論，作者等愛好者爲台灣美術展覽會催生約在八年前之事。昭和元年之夏在新公園近郊海野商會樓上，大澤台日社主筆、蒲田大朝支局長、海野氏、鄉原古統、石川欽一郎氏、本人及其他二、三人等會合對台灣美術展覽會之開設相關問題進行討論，結果以由民間組設爲目標作結論。……」

[4] 在〈台灣美術展創立的經緯〉，《台灣日日新報》昭和02.10.28.（4版）中述及：

　　「有鑑於本島美術急速普及和發達，現在台北有志於台展開辦的幹事等諸先生，就美術展覽會的開辦事宜曾於大正十五（昭和元年）的一、二月間作過數次的會合，計劃開辦一個常設的美術展覽會，作爲實現的目標向前邁進。並徵詢當局的意見。總督府當局曾耳聞台灣在精神慰藉方面較爲欠缺，爲使本島文化向上起見，認爲這種展覽會的開辦在時機上也很適宜，後藤長官也非常贊成，並表示有意由官方來主辦。而當時木下內務長、生駒文書課長等也頻頻開會協商，認爲這是一件重要的事案，於是同年四月決定設該展覽會，日期在大正十六年（昭和二年）的夏天，由台灣教育會在台北主辦。後來石黑局長就任後將會期改在秋季，並進行具體的籌備工作。第一回美術展覽會就在台灣教育會昭和二年的預算經費上首度開辦（當時也決定評議員、幹事、書記等的委任）從其職員的人數可見其重視之一斑。

[5] 古統菴，〈台灣美術十周年所感〉，《台灣時報》1936年（昭和11年）10月號，頁21：

　　「……就今日來看，十年前的台灣畫壇可說相當貧瘠，東洋畫與西洋畫皆如此。內地人玩弄彩筆有一、二種可言，而本島人士則找不出一樣可以思考的，幾乎本島人自古以來除小品四君子畫家外，沒有專門創作的畫家。更別說以台灣題材作爲取景作畫的情形。……」

[6] 舜吉，〈台展前所見之美術（上）〉，《台灣日日新報》昭和02.09.21（5版）：

　　「美術之秋已到，院展、二科、構造社展已在上野之秋開幕的同時，與內地（日本）相對抗的台灣美術展旗子迫在眼前，誠所謂台灣新時代的來臨。……」

[7] 台灣美術展覽會包含台展與府展合計十六屆當中，東洋畫的審查員除台籍陳進擔任過台展第六、七、八屆審查外，餘皆爲日本籍擔任審查。歷屆審查委員列表如下：

台展屆別	第一屆	第二屆	第三屆	第四屆	第五屆	第六屆	第七屆	第八屆	第九屆	第十屆
審查員	木下靜涯 鄉原古統	松林桂月 木下靜涯 鄉原古統	松林桂月 木下靜涯 鄉原古統	勝田蕉琴 木下靜涯 鄉原古統	池上秀畝 矢澤弦月 木下靜涯 鄉原古統	結城素明 木下靜涯 鄉原古統 陳進	結城素明 木下靜涯 鄉原古統 陳進	松林桂月 木下靜涯 鄉原古統 陳進	荒木十畝 川崎小虎 木下靜涯 鄉原古統	結城素明 村島酉一 木下靜涯
展出地點	台北樺山 小學禮堂	台北樺山 小學禮堂	台北樺山 小學禮堂	總督府舊 廳舍	台北樺山 小學禮堂	台北第一 師範學校	台北教育 會館	台北教育 會館	台北教育 會館	

府展屆別	第一屆	第二屆	第三屆	第四屆	第五屆	第六屆
審查員	野田九蒲 山口蓬春 木下靜涯	松林桂月 山口蓬春 木下靜涯	野田九蒲 森白甫 木下靜涯	山口蓬春 山川秀峰 木下靜涯	町田曲江 吉田秋光 木下靜涯	望月春江 町田曲江 木下靜涯
展出地點	台北教育會館	台北教育會館	台北教育會館	台北教育會館	台北市公會堂	台北市公會堂

[8] 台灣美術的發展自黃土水 1920 年自東京美術學校雕塑科畢業，同時以「蕃童」入選第二回帝展起，爲台灣美術開啓新頁，而台灣美術發展的盛期大抵在台展期間，自 1927 年（昭和二年）至 1943 年（昭和十八年）止，從府展第三屆 (1940) 之後因戰事而已接近尾聲。

[9] 1999.08.21，台北市立美術館「台灣早期膠彩畫探源計劃——日本訪問」，郭禎祥、李進發訪問鄉原古統之子鄉原眞琴先生，曾談及鄉原古統離台的原因係長子就學問題及父母年邁需要照料之故。

[10] 村上無羅，〈木下靜涯論——台灣畫壇人物論〉，《台灣時報》昭和 11 年 11 月，頁 119：
「……他之所以滯留本島，其動機可說是一種偶然。大正七年到南中國寫生旅行的途中，與同行四、五位同伴順道到台灣本島台北舉行展覽會。當時台灣展覽會是相當希有珍貴的，而此一展覽會在開辦的當時其盛況是可以預期的熱絡。展覽會後正要離台之際，同行中一位朋友因急病入院，基於朋友厚重情誼，不忍留下病人單獨一人，逐留下看護，取消離台的行動。……」

[11] 內山武士撰、許美玲譯，〈1910 至 1930 京都之日本畫——受西風影響下之日本畫改革運動〉，《現代美術》25 期（1989 年 5 月 30 日），頁 64。

[12] 石黑英彥，〈談台灣美術展覽會〉，《台灣時報》昭和 2 年 11 月號，頁 5。

[13] 同註 4。

[14] 《台灣日日新報》，昭和 02.10.27（4 版）
[15] 《台灣時報》，昭和 2 年 11 月號第 23–24 頁
[16] 《台灣日日新報》，昭和 03.10.17（7 版）
[17] 《台灣日日新報》，昭和 03.10.26（4 版）
[18] 《台灣日日新報》，昭和 04.11.16（4 版）
[19] 《台灣日日新報》，昭和 04.11.17（4 版）
[20] 《台灣日日新報》，昭和 05.10.21（2 版）
[21] 《台灣日日新報》，昭和 05.10.25.（4 版）
[22] 《台灣日日新報》，昭和 06.10.25（4 版）
[23] 《台灣日日新報》，昭和 06.10.26（4 版）
[24] 《台灣日日新報》，昭和 07.10.25（4 版）
[25] 《台灣日日新報》，昭和 07.10.25（8 版）
[26] 《台灣日日新報》，昭和 08.10.26.（4 版）
[27] 《台灣日日新報》，昭和 08.10.28.（4 版）
[28] 《台灣日日新報》，昭和 08.11.01.（2 版）
[29] 《台灣日日新報》，昭和 09.10.23.（8 版）
[30] 《台灣日日新報》，昭和 09.10.31.（3 版）
[31] 《台灣日日新報》，昭和 10.07.06（3 版）
[32] 《台灣日日新報》，昭和 10.10.26.（4 版）
[33] 《台灣日日新報》，昭和 10.10.26.（4 版）
[34] 《台灣日日新報》，昭和 11.10.19（7 版）
[35] 《台灣日日新報》，昭和 11.10.22.（12 版）

[36] 《台灣日日新報》，昭和 13.10.24.（3 版）
[37] 《台灣日日新報》，昭和 13.10.25.（3 版）
[38] 《台灣時報》，昭和 14 年 10 月第 129 頁
[39] 《台灣日日新報》，昭和 14.10.25（7 版）
[40] 《台灣日日新報》，昭和 14.11.03（6 版）
[41] 《台灣日日新報》，昭和 15.10.22.（7 版）
[42] 《台灣時報》，昭和 16 年 9 月第 56 頁
[43] 《台灣日日新報》，17.10.10.（3 版）
[44] 《台灣日日新報》，18.10.23.（3 版）

鄉原古統與木下靜涯

廖瑾瑗

配合此次展覽會主旨以及論述文章的字數限定，以下篇幅將以小傳的方式，簡介鄉原古統與木下靜涯二人的生平以及其創作經歷，用以作爲理解二人藝術的基礎，而在參考文獻方面主要參照《台灣日日新報》的記事以及田野調查所得。有關鄉原古統與木下靜涯的詳細論述部分，請參考1999年9月起、雜誌《藝術家》所連載的拙文〈畫家鄉原古統〉。

一、來台之前的古統與靜涯

鄉原古統於1887年8月8日出生於長野縣東筑摩郡筑摩村的三才（現在的松本市），父親堀江柳市、母親はま，堀江家以事農爲主。古統的本名爲堀江藤一郎，排行九位兄弟姊妹中的次男，自幼便過繼給舅父鄉原保三郎，繼承位居同郡廣丘村堅石（現在的塩尻市）的鄉原家。古統幼時便顯現畫才，母親はま與養父保三郎經常給予鼓勵，當古統就讀松本尋常高等小學校男子部高等科期間，曾於1898年獲頒該校「生徒書畫展覽會」的第一名。此份畫才至1901年古統進入松本中學校就讀後，受到圖畫敎諭武井眞澄（1875-1957）的指導得到更進一步的培養，並因而促成古統立志前往東京接受美術專業的學習與訓練。

1906年自松本中學校畢業的古統，在獲得家人的同意與支持之下前往東京，於白馬會所設置的菊坂研究所學習素描並進入丹靑會學習日本畫技法，翌年1907年9月古統以第一名的成績順利考入東京美術學校日本畫科。入學後不久由於該校師範畫科對於當屆榜首採取優先錄取制度，古統經多方考量後乃選擇轉入師範畫科。1910年3月自該校畢業後，古統前往京都女子師範學校任敎。但是身任美術敎師一職的古統一心嚮往專致創作的生活方式，一年後辭去敎職，並於1911年前往香港拜訪當地經商的伯父鄉原琴次郎，旅遊香港、中國南方沿岸地區，寫生當地風景。此趟旅遊多方加深了古統對於中國文化的關心，並反映於返日後1914年取材自中國古代傳說的作品：「蓬瀛」與「海棠・牡丹」。

以描寫神仙住所爲題的「蓬瀛」入選1914年「東京大正博覽會」的繪畫展，爲古統初次揚名日本畫壇的出世作品。其用色典雅、用筆細密、畫面華麗之處，亦可見於同時期的「海棠・牡丹」；而此時古統已用號「古統」。

「蓬瀛」的入選佳績對於古統而言，不啻爲一大激勵，但是礙於生計問題的考量，古統再次選擇回歸敎育界，約1915年前後任敎愛媛縣立今治中學校美術敎諭。1917年古統突然接獲來自東京美術學校的信函，信中告知台灣總督府委託東京美術學校代尋願意至台灣任敎的美術敎師一名，而針對此事東京美術學校特別來函詢問古統的意願。幾經考慮後，古統決心接受赴任台灣的公職，並於同年五月底乘船越洋來到台灣。

相對於上述古統來台前的經歷，木下靜涯與古統的誕生年、出生縣分皆同，但靜涯的生日爲5月16日，出生地爲上伊那郡中澤村（現在的駒ケ根市）。靜涯的父親木下久太郎、母親志づ，靜涯本名爲源重郎，排行家中長男。木下家除了經營養蠶業之外，也事農業。少年靜涯於十三、四歲前後，利用課餘時間前往流寓村中的畫家田中亭山（1838-1913）住處，學習基礎的筆墨作畫技法，並對於亭山雖然身處清貧生活但卻依然執著創作的人格與生活態度感到敬佩，在日後靜涯的立志畫家一途上留下深刻影響。此外，約於同一時期靜涯跟隨中澤下割的木下琴齋學習詩歌俳句的創作，稍後亦加入其外祖父北原新五郎所參加的全國性詩社「大東社」，使用詩號「花友」。

1901年3月靜涯自中澤尋常小學校高等科畢業後，成爲中澤上割分敎場的代用敎員。但卻因矢志繪畫創作，不久便辭去敎職，在與家人不告而別的狀況之下，毅然前往東京習畫。1903年前後進入四条派畫家中倉玉翠的畫塾，一年後轉入當時東京畫壇四条派的代表畫家村瀨玉田門下，並深獲玉田賞識。此段學習期間靜涯留有1906年代表作品：「靈峰富士之圖」、「萩花鶉圖」，畫面中巧緻的墨色暈染以及鳥禽的精密形態掌握，無不反映靜涯努力鑽研四条派畫風的習得。至於用號方面，透過目前蔡嘉光先生家中所藏畫作顯示，1903年至1906年曾使用「翠峰生」、「翠涯」、「翠涯生」、「靜涯子」等等；另外依

據靜涯本人的口述文獻，至 1906 年的「靈峰富士之圖」、「萩花鶉圖」正式用號「靜涯」之前，也曾使用過「世外」、「龍涯」、「靜崖」。

1907 年 3 月靜涯的「細雨」入選東京勸業博覽會，為靜涯首次於日本畫壇嶄露頭角的紀念作。未料不久後，靜涯卻因婚事與家人發生爭執，心煩之餘棄筆從軍，1908 年前後入伍戶山軍事學校十六大隊，但因罹患胸膜炎，旋即退伍。1909 年靜涯前往京都散心，無意間看到京都畫壇代表畫家竹內栖鳳的畫作，一時之間昔日立志畫家的熱望再度被激起，乃申請入會栖鳳所主持的畫會團體「竹杖會」，重拾畫筆繼續鑽研。1911 年前後，靜涯再度回到東京，除了繪畫創作外，亦曾參與美術、文藝雜誌的編輯。至 1918 年來台前的此段東京時期，靜涯留有代表作：1914 年「農村風景」、「山村風景」、以及 1915 年「十二ヵ月花鳥風景畫」（「十二個月花鳥風景畫」），相較於明治時期的畫作，其技法表現不僅多樣化更顯成熟，反映靜涯長年摸索個人樣式建構的成果。

1915 年靜涯與山梨縣出身的前田ただ女士結婚，同年長男木下敏誕生。1918 年 12 月底靜涯為了拓展畫境，與「芝皓會」的同仁：小仁蓬雨、瀨尾南海、陣內松齡，由東京出發共同前往印度觀賞 Ajanta 石窟壁畫。途中，四人順便上岸台灣，拜訪靜涯的同鄉好友鰍澤榮三郎，並因而促成日後靜涯長期居台的契機。

二、來台後的古統、靜涯與「台灣美術展覽會」

1917 年 5 月底抵達台灣的古統，於同月二十九日赴任「台灣公立台中中學校」的美術教諭一職，1919 年則以發起人的身份，與加福豐次、尾崎秀真、鷹取田一郎等殖民政府的關係人士共同參與同年五月全島性「素人畫展覽會」的舉辦。1920 年年初古統辭去教職，並先後於同年 3 月 12 日至 14 日在台中俱樂部舉辦水彩畫展，同年 7 月 10 日至 11 日與來台友人齋藤延年於台中舊知事官邸舉辦日本畫展，二人於展覽會結束後共同前往中國，展開寫生之旅。自中國返台後的古統於同年十二月重返教壇，任教「台灣公立台北女子高等普通學校」（1922 年 4 月改制為「台北州立台北第三高等女學校」，簡稱「台北第三高女」）的美術教諭。1921 年古統與秋田縣出身的石橋はる女士結婚，二人之間育有三名兒子：保真、真琴、欣三，而位於台北的住所則先後曾由南門町遷移至新起町、

東門町。1922 年 2 月 11、12 日古統與台北第一中學校圖畫教諭塩月桃甫於台北博物館舉辦日本畫與洋畫的共同展，並在色彩表現方面獲得評價。

至於 1918 年 12 月底上岸台灣的靜涯，則在同鄉好友鰍澤榮三郎的協助下，與其他三名「芝皓會」同仁於 1919 年 2 月分別於台北、台南二地舉行展覽會。會期結束後四人欲離開台灣前往印度時，小仁蓬雨三人中的一人因感染腸傷寒無法隨行，當時靜涯便表示願意留在台灣負起看病之責。未料在這期間友人康復了、但靜涯的旅費也耗盡了。為了籌足經費，靜涯遊走台灣各地寫生，藉由同好者收購其作品所得，維持生活。而靜涯浪遊台灣的足跡，直至 1921 年 12 月 24 日至 26 日他在台北西尾商店樓上舉辦作品展：「展觀會」時，才又得到確定。

1923 年 4 月裕仁皇太子來台，在台灣全島熱烈舉行的各項奉迎活動當中，亦為古統與靜涯帶來躍身台灣畫壇重鎮的一大轉機。古統在田健治郎總督的命令下，二度製作呈獻裕仁皇太子的作品，一為台灣古畫的臨摹複製、一為「新高山之圖」與「紅頭嶼之圖」的繪製，並在畫技受到肯定之餘，翌年 1924 年又奉命繪製二幅山水圖呈獻給皇室關係者的珍田東宮大夫。而靜涯則同樣於 1923 年受到台南市尹荒卷鐵之助的委託，製作由台南市呈獻裕仁皇太子的作品：「蕃界繪卷」二卷；並於 1923 年下半年，表現出旺盛的創作力，多次舉辦畫展，並獲得佳評。其中同年 12 月 22 日至 23 日於台北博物館舉辦展覽會時，靜涯已被報紙藝評冠上「畫伯」二字，凸顯其在台灣畫壇的受到重視。相對於 1923 年在台灣畫壇的活躍，靜涯在家庭生活方面亦獲得穩定，於同年迎接妻兒來台，正式定居於淡水街。此外，1924 年裕仁皇太子成婚之際，靜涯亦曾呈贈奉祝作品。

上述 1923 年呈獻裕仁皇太子的作品製作，無疑地為古統與靜涯帶來名聲，奠立二人在台灣畫壇不容忽視的地位。二人並於 1926 年 12 月底與高野南陵、國島水馬、今川墨海（春）等十餘位住在台北附近的日本畫家共組日本畫研究會：「台灣日本畫協會」（1927 年 2 月定名），此協會的創設促使古統與靜涯之間有了較密切的交流關係，但是較稍早的聚會——即 1926 年古統與石川欽一郎、塩月桃甫、蒲田丈夫、大澤貞吉等人商議創設常設性美術展的過程中，當此常設性美術展由民辦轉換為官辦階段時，靜涯因經內務局長木下信的推薦，亦加入商議聚會，便與古統等人有了正式的面識。而此項常設性美術展的籌畫，

即爲日後發展爲 1927 年 10 月 28 日由台灣總督府文教局教育會所開辦的「台灣美術展覽會」（簡稱「台展」）。

根據 1927 年文教局長石黑英彥於「台展」開辦前所發表的論述：「就『台灣美術展覽會』而言」（參照《台灣時報》，1927 年 5 月號），「台展」創設目的在於對於台灣在住的美術家提供鑑賞研究的機會，並且用以涵養公眾對於「美」的思想、鼓吹公眾的興趣。同時石黑亦強調，並不期待「台展」與日本內地的「帝展」、「院展」、「二科展」採取同一步調，而是希望「台展」能逐漸將台灣的特色多加攝取，發揚所謂身爲灣展的權威；並表示當此項事業成爲曉鐘、成爲一劃時代性創舉，便得以爲本島美術界增加更進一步的緊張與光彩，在島民生活上滋生文雅與和睦的氣質，此外，如能將蓬萊島的人情、風俗、其他的狀況向社會廣爲介紹，提高我台灣地位的話，相信本展覽會的創立意義將更大。至於在參展作品方面，石黑說明第一屆「台展」僅限於「東洋畫」與「西洋畫」，將來預定擴充範圍至雕塑、圖案、設計等等；而作品審查工作方面，首先委囑台灣在住者擔任，待他日有適當的機會、經費允許時，將招聘該界其他權威人士參與。關於這二項「台展」參展部門的設置與作品審查人員的安排上，就前者而言，實際上十屆台展、甚至是之後六屆的「台灣總督府美術展覽會」（簡稱「府展」），並未能如石黑所言達到有所擴充，皆僅止於「東洋畫部」與「西洋畫部」；而後者方面，自第二屆「台展」起便邀請日本中央畫壇的知名畫家加入，並曾在第六屆至第八屆招聘台灣人畫家擔任審查員，而綜觀長期擔任「台展」、「府展」審查員者，相形於「西洋畫部」的石川與鹽月，「東洋畫部」便是古統與靜涯（古統自第一屆至第九屆「台展」。靜涯自第一屆至第八屆、第十屆「台展」，以及第一屆至第六屆「府展」）。而且實際上二人在「台展」、「府展」的相關工作上，除了審查員的公職擔任之外，皆製作作品參展，與「東洋畫部」的入選作品共同展出。

綜觀古統「台展」時期的代表作品，首推「台灣山海屏風」系列：1930 年第四屆台展作「能高大觀」（見頁66）、1931 年第五屆台展作「北關怒潮」（見頁 68）、1934 年第八屆台展作「木靈」（見頁 70），以及 1935 年第九屆台展作「內太魯閣」。此四幅屏風皆以水墨描繪台灣的大自然景觀，或爲連峰迭起的新高山脈、或爲洶湧襲岸的東海岸浪濤、甚至是參天的阿里山神木、水流湍急的內太魯閣峽谷。處處皆在古統獨特的水墨技法表現下，凸顯出台灣大自然的雄偉壯麗面貌以及蘊涵其間的旺盛生命

力。而當「台灣山海屏風」系列展示於「台展」會場時，古統的畫技與構圖往往造成話題，成爲大眾的焦點。例如「能高大觀」因其筆觸表現富於變化並深具力量而被稱爲「唐吉訶德的力作」，而「北關怒潮」則被評爲「畫面中沖打岩石的怒濤與天空、天地即將融合爲一之處，乃是充滿鄉原的一流霸氣並將其表露無遺的傑作」，並自會期前即被認定爲將是當屆會場中最精彩的畫作。而透過「台灣山海屏風」系列的大畫面挑戰，古統在自我創作上似乎獲得更進一步的確信，在「木靈」與「內太魯閣」皆留下用印：「此中有眞味」。

至於靜涯的「台展」、「府展」時期代表作，除了有 1927 年至 1930 年「台展」前期的「風雨」、「霽ゆく大屯」（「放晴的大屯山」）、「雨後」、「靜宵」，另有 1934、35 年「台展」後期的「蕃山將霽」、「雲海」以及 1938 年第一屆「府展」的「朝の新高」（「早上的新高山」）。其中「台展」前期的「風雨」等作品，取材自靜涯住處的淡水風景，但是卻有別於淡水街道的紅瓦屋頂比肩林立、洋式建築錯落其間的異國情緒，靜涯透過多層次的水墨暈染效果，營造出充滿水氣、雲烟縹緲的淡水景色，將其心目中的東方桃源鄉投射於畫面間，實際上靜涯的淡水住所便被其命名爲「世外莊」。對於靜涯以水墨或是水墨淡彩所描繪的上述作品，台灣畫壇普遍予以好評，例如「雨後」的畫境被視爲與芭蕉的俳句世界相彷、「靜宵」則被評爲是台展東洋畫部的新機軸。相對於「風雨」等作品的抒情性表現，「台展」後期以台灣高山爲主題的「蕃山將霽」、「雲海」，則以寫景山麓間的高山植物、巍然聳立於雲間的中央山脈、或是阿里山腳下一望無垠的雲海爲主，在呈現雄偉氣勢之餘，誠如靜涯於此時期表明自己正積極將南畫的技法導入創作當中，二幅作品洋溢著開放感。而這項對於南畫技法的探索，進而激發第一屆「府展」、「朝の新高」的誕生，爲靜涯的畫面格局帶來更進一步的拓展。

總括上述古統與靜涯的「台展」、「府展」時期代表作，二人皆以水墨爲主描寫眼中的台灣景色，其中，古統以大畫面的細密描寫爲特色，並且不受固有的水墨技法所拘束，往往在皴法、筆法之間花費心思追求個人的獨特樣式表現。而靜涯則在「台展」初期的淡水風景作品中多使用墨色暈染，直至後期的「蕃山將霽」、「雲海」導入線性要素，爲以往流動於畫面的抒情性添加氣勢，開拓畫境的新局面。而當時的評論家便曾在第七屆「台展」，稱古統的畫風爲「蒼古」、靜涯的畫風爲「清新」。針對日本畫

出身的古統與靜涯於「台展」、「府展」的水墨嘗試，不僅可被視爲是對於台灣傳統文人畫的近代化所提出的探索路徑，同時亦可說是對於自第二屆「台展」起、自日本內地受聘來台擔任審查員的南畫家松林桂月等人所呼籲的「南畫再評價」所產生的回應；當然，其畫風針對「台展」所提倡的「地方色」表現亦具有重要的提示意義。1936 年 11 月 3 日台灣教育會於教育會廣場舉行「台展十週年紀念祝賀式」，古統與靜涯等十一名日本人皆獲頒「永年勤續役員」，其長年對於「台展」的心力貢獻受到至上推崇。

三、返日後的古統與靜涯

實際上在 1936 年第十屆台展開辦之前，古統便因受到日本內地的家人的頻頻催促，因而決定辭去教職、離開耕耘數年的台灣畫壇。同年 3 月 5 日舉家返日的古統首先落腳於兵庫縣西宮市武庫郡精道村（現今的芦戶市）的鄉原琴次郎家中。雖然古統透過「台展」的審查員工作，因而與來自日本內地的審查員松林桂月、結城素明等諸位中央畫壇的重要畫家有了相識的機緣，但是返日後的古統並未透過任何人脈關係，嘗試繼台灣畫壇的活躍之後，更進一步擠身中央畫壇。其主因不外乎古統的健康狀況。以「台展」爲主要舞台長年推動台灣畫壇發展之餘，古統的宿疾氣喘病日益嚴重，急需靜心療養，而這也就成爲他返日初期的一大生活重心。至於創作方面，類似「台展」時期「台灣山海屏風」系列的大畫面雖不復見，但是 1937 年夏日古統曾以琴次郎家中庭院爲題，完成二曲一雙屏風「夏の花」（「夏之花」），畫面中處處可見繡球花、薔薇、凌霄花、木槿、牽牛花等等花叢，綻放花容、熱鬧迎人，而花叢前的清澈池水，伴著悠遊其間的魚蟹身影，爲畫面引來一股清涼之意。以細密描寫見長的古統花鳥畫特色雖然依然可見，但是相形於「台展」時期的會場藝術，卻另有一股輕快的基調隱約流動其間。

過著靜養生活、保持悠然自適提筆作畫態度的古統，雖然也曾在病情稍爲穩定的 1939 年前後，嘗試兼任大阪的中學校圖畫教師，但最終卻因身體不堪負荷不得不馬上辭去教職。在這同時日本各地隨著太平洋戰爭的激烈化，緊張氣氛日益高漲，1944、45 年琴次郎與保三郎相繼病逝，爲古統帶來失親的至悲，而在懷抱著這份傷痛之下，古統於 1945 年 8 月迎向期待已久的終戰。1946 年夏季，古統完成武庫郡住居的打理工作，一家人回到長野縣東筑摩郡廣丘村的故里定居。

重返廣丘村的古統，透過村中所舉辦的種種重建活動，有機緣參與了村中的文藝活動，1948 年便曾於廣丘村的「文化祭」書畫展示「內太魯閣」，並因而獲得主持村內文化活動的青年們的敬慕之意。1951 年 12 月 18、19 日在廣丘村的「青年美術同好會」與松本市信陽新聞社的共同主辦之下，古統返日後的初次個展：「鄉原古統日本畫展」於松本市四柱神社境內的公會堂內舉行，展示作品主要以「台展」時期的「台灣山海屏風」系列爲重心。雖然此次的個展深獲觀賞者的讚嘆，並進而使大衆對於古統在台期間的畫績有了較具全盤性的認知，但是在個展之前的十月，古統的妻子はる卻因病逝世，重重打擊了古統。此時支持古統逐步走出憂傷陰霾的力量，除了家人之外，莫過於松本中學時期的諸位同窗好友的關懷和鼓勵。而不僅友人的這份情誼令古統感到欣慰，1954 年 6 月昔日在台的私淑門生郭雪湖的來訪，更是令古統喜出望外。繼此次的會面，郭雪湖於 1962 年再次來到古統家中，並代表其他曾受教於古統的台灣人學生十二名獻上感恩壽碑。

此外，1961 年 3 月「東筑摩郡波田村梓川高校」的數位當屆畢業生突如造訪古統，商請古統以山岳爲題製作呈贈學校的紀念作品。爽快答應此項畫約的古統，於同年夏天、秋天二次登上蝶岳山，進行寫生。並在數次修改構圖、百般苦惱之餘，於 1964 年 6 月再度攀登蝶岳山，下山後，謝絕所有來訪會客、專心創作，在歷經五個月之後終於完成生前最後一幅大作：「雲山大澤」。此幅作品於同年 11 月 12 日呈贈適逢創校五十周年紀念的梓川高校。「雲山大澤」一圖所描寫的乃是由蝶岳山頂眺望穗高連峰的山景。畫面中強而有力、濃淡一致的枝葉墨點，配合枝幹的銳利線條、岩石肌理上的擦筆技法，營造出現身雲彩之間的穗高連峰的蒼勁之美，深深打動觀賞者。

經過三年的歲月古統始完成以故鄉山岳爲題的「雲山大澤」，但是在這同時古統的健康狀態大受損害。1965 年 4 月 6 日古統因病逝世，享年七十七歲，法名「彩光院碧山古統善居士」，墓所置於群山環抱之下的故里廣丘村鄉福寺。

自 1936 年古統返日後，靜涯在台灣畫壇的地位日形重要，不僅連續擔任六屆「府展」的審查員，還曾於 1943 年被譽爲是「台灣日本畫的總帥」。而 1945 年終戰後，靜涯與女兒們（妻子ただ與長男敏、五女淑子已於戰前因病逝世）於翌年 1946 年帶著簡單的行囊、搭乘遣送船隻

返日。靜涯首先回到故鄉的中澤村落腳，但由於靜涯早已於 1920 年將木下家的「家督」繼承權正式讓渡給弟弟木下義男，加上村中歷經戰時長久的人力與食物不足問題，因此靜涯一家人必須親自耕種農事、用以維持最低限度的生活保障，過著與居台期間悠然適性的淡水生活截然不同的日子。另一方面，靜涯雖然仍持續創作，卻以接受客人的定約、販賣畫作為主，但是可想而知的是在戰後經濟仍蕭條的狀況中，靜涯賣畫的收入極為有限。在面對環境的驟變，靜涯曾於 1946 年初冬為好友製作六曲一雙的水墨屏風「前後赤壁」，並於氣勢磅礴的畫面中書寫前後赤壁賦全文，用以抒發胸中情懷。實際上戰後這段中澤村生活期間，1938、39、41 年曾來台擔任第一、二、四屆「府展」東洋畫部審查員的山口蓬春，曾致信尋問靜涯是否有意前往東京畫壇發展的意願，但靜涯以需照顧年邁父親為由加以婉拒。

1949 年靜涯一家離開中澤村，遷往九州的門司。門司時期，靜涯的創作方式仍以販賣畫作為主。其中，1966 年靜涯特意返鄉為中澤村藏澤寺本堂所繪製的一系列花鳥繪，堪為門司時期的重要代表作。

1966 年靜涯由門司遷往北九州市的小倉，直至 1988 年離世為止。小倉時期的靜涯除了透過畫商販賣畫作之外，曾於 1966、67 年前後加入「西日本畫連盟」，同時也於市內的美術用品店或是自家住宅，開班教授業餘人士作畫。1974 年與 86 年則曾在學生的策劃之下，分別於百貨公司「井筒屋」、小倉的畫廊為靜涯舉辦八十八歲的「米壽紀念作品展」、以及百歲的紀念作品展。而相對於靜涯在北九州的繪畫活動，1976 年對於年屆九十歲靜涯而言別具意義，因為藉由「駒ケ根鄉土研究會」與「駒ケ根市公民館協議會」的共同主辦，靜涯終於有機會於出生之地舉行初次的個展。此次的「木下靜涯展」會場位於駒ケ根赤穗公民館，展示作品以故鄉親友所收藏的靜涯畫作為主，因此作品年代廣泛，包括明治、大正時期的「萩花鷸鳥」、「山村風景」、台灣時期的「牡丹雀圖」、「台灣風景」、以及戰後的「前後赤壁」、「喜久華之圖」、「朧夜之圖」等等，大大加深故鄉親友對於靜涯創作的了解。1983 年靜涯還以九十七歲之軀，奮力完成二百號作品「老松鈴蘭」，寄贈駒ケ根市博物館收藏。

而就在這時期前後，小倉地區的報界也對靜涯產生關心。「每日新聞」與「西日本新聞」分別於 1981、84 年採訪靜涯，其中靜涯曾對自身的生活現狀表示：「雖不怎麼外出，但是倒是一向儘可能的發揮自己。」句中不禁令人感到昔日命名住所為「世外莊」、用號「世外山莊主人」的靜涯，即便年近百歲，其對俗世充滿自負的心懷依然健在。

1988 年春天，靜涯於小倉上到津的住屋正式完工，自 1946 返日後歷經四十二年的歲月，長年寄人籬下的日子終告結束，而靜涯立即於新屋入口處掛上標示「世外莊」的門牌。此時靜涯的心境正彷彿他於新春詩句所吟唱的：「好日好日又好日」、「天地無私春自來」，已達到悠然自適的境界。同年 8 月 27 日靜涯離世，享年一百零二歲，法名「昇山院靜心覺道世外居士」，墓所置於中澤村的木下家。

四、結語

古統與靜涯，相對於其他短期來台擔任審查員工作的中央畫壇畫家所象徵的權威性，二人長期居台的背景不僅加深其與台灣畫壇的密切度、關聯性，同時也因二人年年皆創作參展的緣故，導致其對於台灣畫壇、特別是「東洋畫部」的發展擁有更大的推動力與更重要的指導地位。

例如，郭雪湖於第一屆「台展」受到古統「南薰綽約」的啟示後，於第二屆「台展」即嘗試改變第一屆入選作「松壑飛泉」的水墨創作，以自我摸索的方式完成膠彩創作的「圓山附近」（見頁 86），不僅獲得特選、其畫風並進而影響其他台灣人畫家，造成「台展」初期被稱為「努力主義」的細密描寫畫風蔚為一大風潮；但是在這同時，「台展」東洋畫部出現異於細密描寫所含有的寫實表現、改以清新的風格描繪台灣花鳥的作品群也誕生了，而這些創作者多半是古統所任教的「台北第三高女」、「台北女子高等學院」的出身者。此外，與郭雪湖相識的蔡永（蔡雲巖、蔡雲岩、高森雲巖）的「台展」時期入選「靈石ノ芝山岩社」（「靈石之芝山岩社」）、「谿谷の秋」（「谿谷之秋」）等等，多傾向於細密描寫畫風，但是自 1930 年代中期以降其畫風明顯轉變，不僅嘗試以水墨作畫，第五屆府展入選「秋日和」更表現出類似日本近代四条派的寫實風格，在這轉變過程當中，蔡永與靜涯的結識含有不可忽視的意義。

但是必須強調的是，雖然古統與靜涯對於上述「台展」東洋畫部的台灣人畫家的創作發揮重要影響力，可是不論是學院派出身的古統或是畫塾出身的靜涯，二人似乎並無以

嚴格周密的訓練方式或是採用系統性的繪畫技巧培養方式，對於東洋畫部的畫家們進行創作上的具體指導（即使是在 1930 年以古統與靜涯為中心所創設的民間繪畫研究團體「栴檀社」）。這一點至少可以透過目前田野調查的結果而有所得知，例如古統一貫鼓勵學生多作戶外寫生、師法自然而不作個人技法上的傳授，而靜涯在蔡永的畫稿上也僅批上心領意會的言詞：「此枝上昇一寸離鳥頭　色彩為薄做遠景」、「青柿を書けば、尚妙なり」（如果畫上青柿子，會顯得更妙）、「葉脈複雜スギル整理スベシ」（葉脈過於複雜，應當要整理），略為表達個人的建議。換句話說，古統與靜涯透過「台展」或「府展」的東洋畫部在台灣畫壇所扮演的指導者角色，與所謂以殖民者的身份、透過「美術」對於台灣人畫家進行全盤性政治統治的「殖民美術教育家」，實則大不相同。

儘管如此但是不容否認的是，古統與靜涯身處官展制度之下，將無可避免地被殖民政府或是日本中央畫壇期待二人能夠位居皓首、肩負起台灣近代美術發展的推動重任，當然所謂的「發展」架構乃是以「中央」＝日本內地為其中心視點（無論是有意識或是無意識）所衍生出來的架構。但是有趣的是，當古統與靜涯面對此項課題時，卻因在「台展」所提倡的「鄉土藝術」、「地方色」的追求實踐上，自然而然地偏離「中央」＝日本內地所定下的發展路徑或是其所認定的台灣「南國」形象，而在透過以肉眼長期實地觀察台灣、親身體驗台灣種種的方式之下，逐步形成以「地方」＝台灣本島作為其中心視點，趨向更真實面貌的台灣描寫，而非沈溺於「異國情緒」的發露；這一點可以明確的在古統由「南薰綽約」走向「台灣山海屏風」系列、靜涯由「風雨」等理想中的淡水風景走向台灣山地實景的「蕃山將霽」、「雲海」、「朝の新高」，而有所窺知。而如此的過程，與其說是因為二人的「台展」、「府展」審查員身份所引起的必然性結果，倒不如說是由於二人在由衷認同「地方」＝台灣本島之下所生成的產物。對於自掏腰包買畫具給學生、為「栴檀社」的費用奔走、個性卻顯沈默的古統，「台北第三高女」出身的學生們取其名字尾音，暱稱為「父さん」（中文意思：爸爸）；而住在淡水「世外莊」的靜涯由於其嗜好，被淡水鎮上居民取名為「打鳥先生」、「釣魚先生」、「喝酒先生」，甚至在來台的第二十年頭、1938 年靜涯將自己比擬為歷史人物徐福，視台灣為自己的故鄉。古統與靜涯對於台灣所投注的視線已深含對於台灣的鄉土情愛。

藉由如此的視線獲得，當古統與靜涯在個人創作上面對

「地方色」的追求時，不僅得以脫離日本內地的既定框架、而從台灣這片土地積極攝取多樣的繪畫要素（不論是透過景物的造型要素或是台灣畫壇既存的繪畫表現樣式），並且在消化多樣繪畫要素的過程當中，更加拓展了來台之前的畫境，為自我的創作帶來不同風貌。在這同時，也由於歷經上述脫離日本內地的中央框架的過程，使得他們與其他台灣人畫家共同促進具有台灣主體性的台灣近代美術的形成。而值得注意的是，這樣的情形也同樣可以在其他活躍於「台展」、「府展」東洋畫部的住台日本人畫家身上看到。這一點無疑提醒了我們對於日治時期台灣繪畫活動的掌握上，不應僅是從政策面上的了解，更應從畫家創作與畫壇之間的實際互動關係上加以觀照。

身處今日有關台灣近、現代研究議題日益多元，歷史文獻資料日益增加的情形中，對於台灣近、現代美術的關懷也逐漸普遍。但不可否認的是，對於日治時期台灣畫壇的探討亦曾出現過度評價「台展」、「府展」的影響力（當然亦包含對於古統、靜涯的指導地位的過度標榜），甚或以「台展」、「府展」全盤性概括日治時期台灣畫壇的認知現象。其所危及的將不僅只是「史」的失焦問題，更是引發對於「美術」自律性發展的否定。究竟日治時期的台灣畫壇是如何？正如同此項質疑的由來已久，一切答案的追尋也正在持續中。

（作者為台灣美術史研究者，目前任教於私立真理大學）

呂鐵州與台灣美術發展的關係

賴明珠

一、前言

西元 1899 年出生，1942 年去逝的呂鐵州，與同時期活動於東洋畫壇的台灣畫家相較起來，他所釋發的能量及影響力，表面上看來，似乎要比陳進 (1907-1998)、林玉山 (1907-)、郭雪湖 (1908-)、陳敬輝 (1910-1968)、陳慧坤 (1907-)、林之助 (1917-) 等人都還要小。因爲後面這幾位東洋畫家，他們都持續在戰後的台灣畫壇，或者更精準地說，在「膠彩畫壇」[1]，具有舉足輕重的份量，因而我們可能很容易地會下一個論斷：戰前即已過世的呂鐵州，他對戰後台灣畫壇的影響力，勢必隨著他的殞逝而烟消雲散吧。然而透過史料的爬梳與深入的探究，[2]很顯然，四〇年代初即已過世的呂鐵州對戰後台灣美術的發展並未斷續，而且他短暫一生的創作，在近代台灣美術發展史上，實際上仍蘊含著許多開創性的意義，值得我們提出來重新加以審視。

二、早期的傳統繪畫創作

如果說「台展三少年」首度入選台灣總督府策劃的官展——「台灣美術展覽會」（簡稱「台展」），代表的是近代台灣東洋畫發展的里程碑事件，那麼對其他「台展」東洋畫部落選的知名台灣傳統畫家，如：李學樵、蔡雪溪 (1884-？)、[3]呂鐵州等人來說，落選似乎是他們初臨新時代強勁潮流下無可避免的結果。重新省思自身的創作，並在形式風格上作適度的改弦更張，似乎成爲當時台灣傳統畫家應變時代新趨向的不二選擇途徑。

正如同當時多數台灣傳統畫家一樣，落選之後呂鐵州也面臨學習新技法的瓶頸。經過思索之後，他毅然決定於 1928 年赴日習畫。因而呂氏赴日前後，他的技法與畫風之轉變，反映的正是二〇年代末期，台灣傳統美術家在遭逢滅絕存亡關鍵時刻的抉擇，以及他們如何化解艱險開創新局面的歷程。

呂鐵州未赴日習畫之前的作品留存的數量甚少，目前

筆者僅找到一件人物畫圖版「精忠圖」[4]及一件「山水畫」原作。原署款「丁卯 (1927) 春月」的「精忠圖」（圖 1），採用的是細筆描繪、勾勒填彩的傳統技法。畫中關公右手拂髯左手執刀的頎長坐姿，對照刻意壓縮出來關平、周倉的短矮體型，運用的是一種傳統形式的繪畫語言。此作無論在造形或構圖等形式語言的運用上，及內容風格的呈現，基本上和一般傳統台灣職業畫家並無太大區別。

另一件水墨設色「山水畫」（圖 2），乃爲新竹鄭再傳家族的收藏品。[5]此作右上角有一陰文朱印，左下角則連壓兩方朱印，上爲「鼎鑄」陽文篆字，下爲「石頭」陰文篆字。「鼎鑄」乃呂氏的譜名，「石頭」則是他的乳名。依畫家右上側的題款，自剖此作爲：「戲寫王廉洲[6]筆意未□□□-□擬呂梅庵霙」，表明他這一件早期的淺絳水墨畫作，乃是仿傚王鑑及呂梅庵[7]的筆法。然而此作突出平臺的結構稍嫌突兀，山脈的走勢亦交待不清，正是臨摹者顧此失彼時容易犯的缺失。不過此作用筆、用墨法度均備，設色、點、染也恰到好處，因而仍是一件用心、平實的仿古山水畫作。

圖 1　呂鐵州「精忠圖」1927
翻拍自《桃園縣志卷五文教志》

圖 2
呂鐵州 「山水畫」 設色紙本
翻拍自《台灣文獻書畫——
鄭再傳收藏展》

從這二件作品來看，1927 年「台展」之前，呂鐵州的創
作和一般台灣傳統畫家一樣，都是以摹仿前人粉本或畫譜
為手段，呈現的是傳統職業畫師或文人畫家的模式化風
格。第一回「台展」落選的「百雀圖」，雖然原作早已逸
失，也沒有圖版印刷資料可供參考。然而「百雀圖」應該
還是不脫離以摹古為基調的作品形式，所以最終還是在強
調寫實觀念的殖民官展中慘遭淘汰。

三、「台展」落選的衝擊與赴京都學畫

台灣總督府所策劃的第一回「台展」，展出的時間從
1927 年 10 月 28 日至 11 月 6 日截止。十天之中，除了在
樺山小學講堂展出入選與獲得特選的作品，同時也在樺山
町郡役所樓上舉行「邦畫及洋畫」的參考展。「邦畫」部
份，乃是以京都派為主，展出竹內栖鳳 (1864-1942)、山
元春舉 (1871-1933)、小室翠雲 (1874-1945)、荒木十畝
(1872-1944)、結城素明 (1875-1957) 及川合玉堂 (1873-
1957) 等日本畫大師的作品。[8]「台展」結束十多天之後，
台北天母教會宮比為了不讓落選中優秀作品就此「埋
沒」，[9] 並「鼓勵本島美術向上」，[10] 乃號召落選者參
與，自 11 月 22 日至 24 日，假台灣日日新報社二樓舉行
「宮比會の繪畫展」（簡稱「宮比會展」）。呂鐵州即以
「百雀圖」受邀參展日本畫部，同時展出的尚有蔡雪溪、
高橋溽山（醇領）等人的落選作品。在「宮比會展」中，
主辦單位還特別用心地安排田能村竹田 (1777-1835)[11] 及
円山應舉 (1733-1795) 的作品在「參考部」中展出。[12] 這

些傳統日本畫大家的作品，對心懷壯志而落選的呂鐵州必
然產生相當大的視覺衝擊。

呂鐵州在二〇年代初、中期自大溪遷居台北以後，即已在
北部傳統畫壇享有一定的知名度。[13] 雖然「台展」的落選
帶給他莫大的打擊，但是觀覽「台展」入選作品、參考
品、及「宮比會展」參考品，卻帶給他重新思考的方向。
從他選擇投考京都繪專一事可知，親眼觀賞到圓山派開山
祖師円山應舉及京都派領袖竹內栖鳳的原作，事實上對他
具有決定性的影響力。

円山應舉乃是十八世紀京都畫壇的領袖，他首創將日本狩
野派、荷蘭畫透視法及中國明清院畫三種繪畫風格融於一
爐，時人稱之為「圓山派」。[14] 而竹內栖鳳則於明治維新
之後，嘗試將西方現代繪畫的表現法帶入京都畫壇，使得
奄奄一息的「圓山派」轉化出來的「四條派」[15] 重獲復甦
的活力，故被稱為「圓山四條派」的復興者。[16] 栖鳳自明
治 16 年 (1883) 開始擔任京都府畫學校的老師。明治 42
年 (1909) 京都市立繪畫專門學校（簡稱「京都繪專」）
創立時，他則受聘為該校的專任教諭，[17] 並在此校培育出
許多位重量級的現代日本畫畫家。因此當呂鐵州決定赴日
學習円山應舉、竹內栖鳳畫風時，堪稱是「圓山四條派」
搖籃的京都繪專，理所當然地就成為他習畫的唯一目的
地。[18]

1928 年呂鐵州赴京都習畫時，竹內栖鳳早於四年前
(1924) 即已自京都繪專退休。當時在該校任教的老師包括
有西山翠嶂 (1879-1958)、福田平八郎 (1892-1974) 等
人。呂鐵州後來即是追隨當時擔任京都繪專助教授及「帝
展」（「帝國美術展覽會」的簡稱）審查員的青壯輩畫家
福田平八郎習藝。（圖 3）

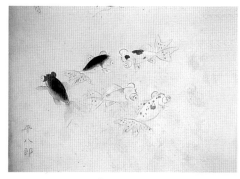

圖 3 福田平八郎 「金魚」 設色紙本 30×44.5cm 1929
呂鐵州家族收藏

竹內栖鳳自 1909 年迄 1924 年一直都任敎於京都繪專，他
和該校的美術史敎授中井宗太郎，兩人對二十世紀前葉京
都藝壇的發展具有深遠的影響力。1918 年因對「文展」
（「文部省美術展覽會的」簡稱）不滿而脫離該展的京都
年輕一輩畫家，如土田麦僊 (1887-1936)、小野竹喬
(1889-1979)、村上華岳 (1888-1939)、榊原紫峰 (1887-
1971) 等人組成「國畫創作協會」時，就是聘請竹內栖鳳
與中井宗太郎爲該繪畫團體的專門顧問。[19]而中井宗太郎
在同年指導福田平八郎畢業作品製作方向時，曾舉該畫會
成員中的土田麦僊與榊原紫峰兩人的創作爲例。他認爲土
田麦僊走的是「主觀的寫實」，榊原紫峰則傾向於「客觀
的寫實」，兩者都主張捨棄臨摹「前人技法」的傳統觀
念。最後他建議福田平八郎，採用「客觀角度凝視自然」
的寫實原則從事創作。[20]京都繪專畢業之後，平八郎即遵
循此一準則進軍藝壇。1919 年平八郎入選第一回「帝
展」的「雪」一作，即運用客觀寫實的技法，表現庭院中
樹木的量感與質感。[21]榊原紫峰與福田平八郎等人這種徹
底的客觀寫實並強調視覺性的態度，與當時京都藝壇另一
派別，如土田麦僊與堂本印象 (1891-1975) 等人，注重畫
家心靈深處並表現主觀世界的創作態度迥然不同。[22]

換言之，二〇年代末期呂鐵州負笈京都繪專習藝時，追隨
的是理性寫實風格的福田平八郎，因而他走的是強調客
觀、實證的科學理念與寫生、寫實的創作路線。京都學院
派的訓練要求他捨棄原本所熟悉慣用的，從臨摹粉本、畫
冊入手的創作方式，進而以客觀理性的觀察角度，體驗、
捕捉自然界的真實風貌。我們從他留日及返台之後所存留
的數本寫生冊，（圖4）即可看出兩年多京都繪專的學習
期間，他深受日本學院客觀寫實派觀念技法影響的情況。

四、中期客觀寫實風格的繪畫創作

自然寫實的繪畫精神，基本上是明治維新之後日本現代畫
壇的共識。「台展」舉行之前赴日習畫的畫家，如陳進、
林玉山等年輕輩的藝術家，無論是在學院中或在學院外習
藝，他們所接受的技法訓練都植基於寫實主義的根柢而發
展出來的。而這也是爲何在第一回「台展」三位入選的台
灣青年中，他們兩人的入選，要比未曾受過現代化寫實主
義繪畫敎育訓練的郭雪湖所遭遇到的批評要少。

郭雪湖後來雖然一直都不曾渡洋求學，然而憑藉著超高的
領悟力與勤奮不懈的自學精神，透過瀏覽日本現代畫家畫
冊，並於 1929 年拜「台展」審查委員鄉原古統爲師，迂

圖 4
呂鐵州 「茶花」 設色紙
本（呂鐵州寫生冊）
30×45cm　1929-1930
家族收藏

迴地接觸了現代日本畫的核心精神。之後他的作品逐漸樹
立一己的風格，並在第二、三、四、五、六回「台展」
中，相繼獲得特選、台展賞或台日賞。

呂鐵州在「台展」挫敗之後選擇渡日習畫，探索現代日本
畫的奧妙。京都繪專的訓練課程及福田平八郎客觀寫實的
創作理念，確實讓他徹底領悟到惟有自然寫實主義的精神
才是當今藝壇的繪畫主流。從 1929 年 1 月開始，呂鐵州
即常和另一位京都畫家小林觀爾 (1892-?) 作伴寫生，或
獨自在京都的神社、動物園、植物園寫生，[23]累積豐富的
寫生經驗。當他逐漸能夠掌握客觀觀察及準確描繪形象等
寫實技巧之後，他於同年十月送回「梅」、「秋葵」兩
作，參加第三回「台展」的比賽。這兩件作品後來都入選
「台展」，而且巨幅大作「梅」更獲得審查委員一致的讚
揚授與特選的殊榮。

呂鐵州在「梅」這件作品所呈現的技法、形式與風格，相
當程度地反映出他進入日本學院之後繪畫觀念改變的歷程
與結果。傳統文人畫家畫梅，並非客觀描繪自然界中的梅
花，而是將自己的心志寄託於具有冰清玉潔的梅花物象之
上。換句話說，文人畫梅大都是託迹於物，意在畫外。例
如與呂鐵州同時代的新竹文人畫家葉鏡鎔於 1920 年所作
的「月梅圖」，（圖5）作者運用墨色濃淡深淺的效果及
書法的筆法，簡捷地將梅幹、梅枝、花瓣及花蕊鉤畫出
來，再佐以前人詠物詩句以表達他作畫時的心境。「月梅
圖」的構圖、造形或意境營造並無獨創性，只能算是承襲

圖5 葉鏡鎔 「月梅圖」
墨色紙本 132×52cm
1920 鄭再傳家族收藏

圖6 呂鐵州 「梅」 1927 呂曉帆先生提
供照片

圖7 呂鐵州 「後庭」 1931 翻拍自第五
回台展圖錄

前人的墨戲之作。這種缺乏創意的臨仿之作，正是二〇年代初期普遍流行於台灣傳統書畫界的範例。而呂鐵州原本所追隨的，就是這種奉臨摹仿傚爲圭臬的慕古風潮。

然而京都繪專及福田平八郎的教育，卻一再強調寫生的重要性，要求他捨棄前人的技法，貫徹客觀視覺的寫實理念。因而「梅」一作，乃選定當時他在京都住宿處窗外的景致爲觀察的實景。此作以枝幹虬曲、青苔密佈、花朵盛開的梅樹爲主題，再輔以鮮嫩欲滴的山茶花，及生動活潑的鳥兒題材。透過他客觀、理性的觀察分析，再以寫實手法表現出梅花在自然界中和睦協調的生命樂章。（圖6）這種以寫實爲基調，突破傳統形式化墨戲的格局，重新賦予繪畫主題物——梅花——真實、自然的強勁生命力，脫離傳統虛幻象徵物的繪畫觀，正是二〇年代末期至四〇年代中期，台灣美術在日本現代美術影響下風行全台的主流觀念。

呂鐵州於1930年因故返台之後即以花鳥畫，和以美人畫著稱的陳進及擅長風景畫的郭雪湖，鼎足三立於官展的競技場中。1931年「後庭」（圖7）、1932年「蓖麻與軍鷄」、1933年「南國」、及1935年「蘇鐵」，這些以台灣亞熱帶動、植物爲主題的作品，相繼在「台展」中得到獎賞或特選的榮譽，更證明他客觀寫實畫風在官展中普遍受到肯定與贊揚的情形。隨著官展中屢獲大獎的資歷所累積的豐沛聲望，呂鐵州乃成爲台灣東洋畫家中少數成立畫室開班授徒的專業畫家。他的學生遍及北部、中部、南部，因而堪稱是三〇年代唯一桃李滿台灣的東洋畫家。當時嘉義東洋畫家林玉山，雖然和呂鐵州一樣學生眾多，但是他的影響力並未越過嘉南一帶地區。而人在台北的呂鐵州，登門向他求教的學生，如：許深州 (1918-)、呂汝濤 (1871-1951)、呂孟津 (1895-1977)、余德煌 (1914-1997)（圖8）等人，卻遠從桃園、台中、北斗等地北上學藝。

圖8
余德煌 「黃蜀葵」
1940 翻拍自第三回府
展圖錄

這些學生後來在官展中也有相當出色的表現，因而形成所謂「呂鐵州ばり」（仿呂鐵州作品風格）的派別。[24]可見他的繪畫功力與成就，在三〇年代的台灣東洋畫壇具有舉足輕重的重要地位。

五、後期主觀寫意畫風與客觀寫實畫風的兼融

二〇年代晚期台灣傳統畫家在第一回殖民官展中全軍覆沒，之後所有參加東洋畫部競賽的台灣畫家，無論他們是赴日接受日本學院訓練或私下學習現代日本畫者，都改以色彩明亮、描繪細膩、客觀寫實的技法創作參展的作品。知名的傳統水墨畫家或職業畫師，如：蔡雪溪（1884-？）、蔡九五（1887-？）、潘春源（1891-1972）、蔡媽達、及呂鐵州的學生父子檔呂汝濤和呂孟津等人都改弦更張，在歷經一番摸索與學習之後，轉以現代日本畫的形式技法，創作合乎官展審查委員鑑賞標準的作品參展。這樣的挫折及轉變，對台灣傳統畫家來說，無疑是一種激勵與自我提昇。他們一方面回過頭來檢討傳統繪畫的優缺點，一方面則培養再學習、再反省的自我挑戰能量。這一股蓄勢待發的能量，在三〇年代初期，當台灣東洋畫家中堅份子回過頭來審視傳統水墨主觀、寫意的感性審美觀時，那麼折衷、調和理性寫實及感性寫意的繪畫風格，乃以「新文人畫」的姿態，重向官展中主流的客觀寫實畫風挑戰。[25]

二〇年代末期至三〇年代初期間，「台展」東洋畫家追求客觀、寫實、裝飾風格的傾向，當時的評論者大抵有兩派的看法。一派是從傳統的南宗文人畫和北宗院畫對立的觀點著眼，反對官展東洋畫家一味追求形貌相似而捨棄文人

畫神韻爲尚的中心思想。另一派則從現代化的觀點著眼，採取折衷的態度，他們既讚揚客觀理性的寫實風格，同時也鼓勵發展主觀感性寫意的多樣化風貌。[26]

對藝評界的建議，向來以「構圖密塞」、「設色穠麗」著稱而幾乎成爲台展型「會場藝術」的代表人物郭雪湖，在1932年第六回「台展」的「朝霧」（圖9）一作中，則開始轉變畫風展現以線條、墨韻爲主的素樸寫意特質。[27]次年的第七回「台展」中，則有多位重要的台灣畫家，例如林玉山、潘春源、朱芾亭（1904-1977）、徐清蓮（c.1910-1960），也都自發地轉向「恬淡南畫」[28]的創作風格。

1933年第七回「台展」中，台灣畫家首次在殖民官展中展現集體性、自發性的逆轉畫風，一向與郭雪湖過從甚密的呂鐵州在這一次的風潮中並未缺席。在此屆「台展」中，他也送了一件「從寫生轉向寫意」[29]的風景作品「大溪」參加展出。

回顧呂氏畫風轉變之前的1932年，此年堪稱是他客觀寫實花鳥畫創作的巔峰期。這一年的二月，呂鐵州在總督府舊廳舍舉辦生平第一次的個展。「台展」審查委員鄉原古統針對此次展出，曾在報紙上發表評論文章。他認爲呂氏花鳥畫技法沉著細膩，畫風清新流麗，因而對他抱持高度的讚許與期望。[30]同年十月他又對呂氏獲得第六回「台展」特選的「蓖麻與軍雞」（圖10）稱道「畫面瀰漫著澎湃的氣魄，表現出強而有力的男性特質」，並且稱許「蓖麻與軍雞」是此回參展作品中最好的一件。[31]另外，日籍藝評者鷗亭生也認爲此作，「純熟細密的描寫技法，已達到神乎其技的境地」。[32]可見呂氏從日本返台之後，

圖9　郭雪湖　「朝霧」　1932　翻拍自第六回台展圖錄

圖10　呂鐵州　「蓖麻與軍雞」　1932
翻拍自第六回台展圖錄

圖11 呂鐵州 「大溪」 1933 翻拍自第七回台展圖錄

圖12 呂鐵州 「北斗農家」 墨彩紙本 53.5×66.5cm 1934-1935 家族收藏

在短短的二年期間，即以細膩寫實的花鳥畫在台灣東洋畫壇建立起崇高的地位，並被媒體、藝評界稱譽爲「台展東洋畫寵兒」、[33]「台展泰斗」、[34]「台展東洋畫壇麒麟兒」。[35]

然而呂鐵州並未就此沉醉在虛幻的榮耀中，1932年第六回「台展」之後，他即開始向自我挑戰，嘗試脫離趨於定型化的客觀寫實花鳥畫風，轉向寫實、寫意兼顧的風景畫創作。1933年的「大溪」（圖11）一作，即是他在這方面實驗的濫觴之作。此作雖然不如他本來所擅長的客觀寫實花鳥畫般廣受好評，甚至被批評爲「企圖在繪畫的形式上有所突破，但目前尚未有突出的表現成績」。[36]之後，呂氏送至官展的作品，似乎又傾向於以幾何裝飾性的花鳥畫爲主。然而從他所留存下來的後期作品及畫稿來看，事實上他並未終止融合寫實與寫意繪畫風格的實驗性工作。例如1934年年底至1935年間所完成的「北斗農家」及「南國十二景（北斗）」，都是依據1934年12月28日在北斗郊外寫生的炭筆稿而作的。「北斗農家」（圖12）乃是墨繪淡彩寫意之作，然又不失客觀寫實的基調。「南國十二景（北斗）」（圖13）一作，呂氏則以其精準的造形語言，將農舍、穀倉、水井、蒲葵、木瓜樹等，以細膩寫實的手法表現出來，然後再添加粉色花樹及禽鳥以點綴並活化畫面。此作構圖疏朗，用色淡雅，並兼採暈染、留白的文人畫技法，成功的將南台灣鄉野風景轉化成爲具有現代文化氣息的田園風光，可以說是他寫實與寫意兼容並蓄，客觀理性與主觀感性並重詮釋俱佳的代表作。

圖13 呂鐵州 「南國十二景（北斗）」 53.5×64.5cm 1934-1942 家族收藏

圖14 呂鐵州 「戎克船」 設色絹本 51×63cm 1930s-1942 家族收藏

同屬於「南國十二景」系列的「戎克船」（圖14）也是嘗試將文人寫意風格帶入寫實畫風中的典型範例。戎克船是當時往返於台灣沿岸水域與對岸中國之間的一種交通工

圖15 呂鐵州 「花鳥」 設色紙本 35.3×24×2cm 1934-1942 家族收藏

具，它的造型古樸，圖案特殊，因而乃成為當時台灣畫家所喜愛的題材。呂鐵州將前景中戎克船的船身、船桅、帆、甚至微細的桅繩，都以細膩準確的筆法表現出來，並以古雅的暗紅色及明亮的綠、黃色為船舷著彩。中景則描繪突出的沙岸及矗立於岸邊的米粉工廠，將前景的戎克船與遠處的翠巒疊峰隔開，使得河面的空間顯得更加開闊。遠景緩緩起伏的山巒，則以濃淡有致的暈染及留白技法，表現虛實交錯、秀雅空靈的文人山水意境。此作無論就技法的運用或風格的表現來說，都稱得上是呂鐵州後期寫實寫意風景畫中最醇熟的作品。

從呂鐵州所留存下來的冊頁，可以看得出他後期在寫意寫實花鳥畫上也下過一番功夫。例如他晚期所完成的沒骨寫意花鳥畫，簡扼精準的筆法，清麗典雅的賦色，自然隨意的構圖，空靈秀逸的氣韻，顯然已跳脫中期寫實裝飾風格的範疇，孕育出一種古雅深秀、寫意兼寫實的花鳥畫風貌（圖15）。

呂鐵州後期這種主觀寫意與客觀寫實兼融的畫風，一方面是出自於他個人追求畫風轉變的內需性，一方面也與三〇年代台灣中壯輩東洋畫家重新肯定傳統水墨主觀、寫意繪畫觀的潮流相契合。這種折衷西方理性寫實與東方感性寫意的「新文人畫」理念的抬頭，代表的是台灣畫家自主思想在殖民政府主導官展時期的萌芽與生根。因而如果我們將呂鐵州後期繪畫風格的轉向，重新放回台灣美術發展的脈絡來檢視時，呂氏在近代台灣美術史上的地位就更形突顯。早期他臨摹時期所習得的傳統水墨寫意畫，再歷經數年現代寫實技法的淬鍊之後，終於因內在渴望突破及外在局勢的變遷，開拓出另一種嶄新的畫風，一種寫實與寫意

兼融的台灣新文人畫風格。

六、結論

縱觀呂鐵州一生的創作，可以說相當完整地反映出二十世紀上半葉台灣畫家在面臨傳統與現代、殖民與自主時所作的抉擇與應變。日本殖民政府統治台灣初期，在文化藝術政策上乃採取消極治理的方針，因而傳統文人畫家及職業畫師尚能續操舊業，從事於以臨摹仿傚為主的繪畫創作。然而1927年第一回官展的推出，則宣告殖民政府積極推展美術政策時代的來臨。當武力統治結束後，續起的文化統治期間，殖民當局更汲汲想要在美術的領域中充份地發揮治權的功能。而殖民官展的審查制度，其實正是日本現代美術技法與思潮傾入台灣的水閘。當第一次新水閘乍開時，呂鐵州正如其他毫無心理準備的台灣傳統畫家一樣，紛紛被洶湧流瀉的水流所沖刷下來。在領悟到新繪畫思潮的不可擋，選擇留日習藝後，呂鐵州方才鍊就一身溯流而上的功夫。終而以日本中央官展及學院皆認可的現代寫實繪畫技法，博得殖民官展的獎賞，重新站上台灣藝壇的頂峰，並成為三〇至四〇年代初台灣東洋畫壇的領袖級人物。

三〇年代初期當呂鐵州客觀寫實花鳥畫創作達到高峰期時，他又以高度的反省能力，嘗試改變畫風，以寫實兼寫意風格的風景畫及花鳥畫向自我挑戰。此種感性與理性兼具，強調墨色與線條在作品中的重要性之新文人畫風的開拓，乃是三〇至四〇年代台灣東洋畫界中堅畫家探索的新方向。呂鐵州在這方面的成就，以往並未受到肯定。探究其原因，或許是因為他個人體會到台灣東洋畫家所追求的新文人畫風較難獲得殖民官展的認同，故這一類作品多未在官展或公開場合曝光；再則因為工作勞累過度，他於1942年即因心臟麻痺猝發過世，因而有關他晚期寫實寫意風格兼融的創作反而鮮少為人所知。

回顧呂鐵州短短四十四年的創作生涯中，他從本土的傳統水墨畫出發，再接駁到外來殖民的客觀寫實花鳥畫，最後則融合所學開創出寫實寫意兼具的個人風格。他一生高潮疊起的創作過程，可以說已和台灣近代美術的發展環扣相繫；雖然短促，然而卻堪稱是二〇至四〇年代台灣東洋畫發展的完整縮影。

（作者為台灣美術史研究者，並於私立中原大學開授台灣美術史課程）

註釋

1 「膠彩畫」一詞乃台中林之助與多位東洋畫家，於1982年組成「台灣省膠彩畫協會」之後才普遍通行全台。「東洋畫」名稱更換爲「膠彩畫」，單純地以創作材質命名，此後才結束了34年（1949-1982）「正統國畫之爭」。有關此段歷史請參考蕭瓊瑞，〈戰後台灣畫壇的「正統國畫」之爭——以「省展」爲中心〉一文（《台灣美術史研究論集》［台中市：伯亞，1991］，頁45-68）。

2 有關呂鐵州創作之研究，請參考賴明珠，《日治時期臺灣東洋畫壇的麒麟兒——大溪畫家呂鐵州》一書（桃園市：桃園縣立文化中心，1998）。

3 李學樵與蔡雪溪在「台展」成績公布之前，曾是《臺灣日日新報》（簡稱《臺日報》）9月6日至10月1日「臺展アトリヱ巡り」專欄中受訪的對象。［《臺日報》，1927、9、18，（五）及1927、9、21，（五）］他們兩人在總計二十二篇系列報導文中，乃具有相當抽樣性的代表作用。換句話說，在號稱殖民時期第一大官報藝文記者眼中，李學樵和蔡雪溪乃是台灣傳統諸多畫家中，堪與日本畫家一爭長短的佼佼者。只可惜，在十月下旬發布的入選名單中，李學樵、蔡雪溪及其他知名台灣傳統畫家都敗北落選。

4 「精忠圖」原作下落不明，今僅存其圖版見於《桃園縣志卷五文教志》（桃園縣文獻委員會，1967），頁220。

5 李登勝、何銓賢編，《台灣文獻書畫——鄭再傳收藏展》（新竹市：古奇峰普天宮，1997），頁29。

6 王廉洲乃指清初四王的王鑑。王鑑，字元照，太倉人，王世貞之孫。明崇禎六年（1633）中舉，八年，以蔭仕至廉州太守，人稱王廉州。清末無錫竇鎮稱其：「精通畫理，摹古尤長，凡唐宋元明名繪，見輒臨撫，務肖其神。故筆法度越凡流，直追前哲，沉雄古逸，皴擦爽朗，空靈匠心，渲染格無不備。而於董北苑、僧巨然尤爲心得」。（竇鎮，《清朝書畫家筆錄》，見楊家駱主編，《書畫錄》（下）（台北：世界書局，1988），頁394。）

7 呂梅庵爲何人尚待進一步查證。

8 （石川）欽一廬生，〈邦畫と洋畫の參考品一瞥〉，《臺日報》，1927、10、28，（四）。

9 《臺日報》，1927、10、30，（五）。

10 《臺日報》，1927、11、8，（二）。

11 田能村竹田，名孝憲，大分縣竹田市人，爲江戶時期著名的文人畫家。

12 《臺日報》，1927、11、23，（三）。

13 賴明珠，前引書，頁14。

14 Michiaki Kawakita（河北明倫）, *Modern Japanese Painting-the force of tradition* (Tokyo: Toto Bunka Co., Ltd., 1957), pp. 63-64。

15 有關「圓山派」及「四條派」的演變，請參考上引拙著，頁24。

16 Noma Seiroku eds.（野間清六等人編）, *The Art of Japan* (Tokyo: Bijutsu Shuppan-sha, 1964), p. 338.

17 《堂本印象の系譜——栖鳳・翠嶂・印象》（京都府：京都府立堂本印象美術館，1997），頁76。

18 筆者曾於拙著《日治時期臺灣東洋畫壇的麒麟兒——大溪畫家呂鐵州》一書中，探討呂氏選擇投考京都繪專的原因，與此所學校發展特質及呂氏個人喜好有關（賴明珠，前引書，頁24）。此處則覺得應該強調，呂氏是在「台展」、「宮比會

展」中看過圓山派祖師円山應舉及圓山四條派復興者竹內栖鳳兩人的作品之後，因深受感動才決定選擇京都繪專就讀。

19 尾崎正明，〈國畫創作協會的作家達〉，《寫實の系譜II——大正期の細密描寫》（東京國立近代美術館，1986），頁176、237。

20 福田平八郎、島田康寬著，《現代の日本畫［3］——福田平八郎》（東京：學習研究社，1991），頁106。

21 內山武夫，〈「福田平八郎と堂本印象」展に寄せて〉，《福田平八郎と堂本印象——京都畫壇黃金期の雙璧》（京都府：京都府立堂本印象美術館，1998），頁6。

22 同上註，頁6-7。

23 賴明珠，前引書，頁31-32。

24 鷗亭生，〈台展の印象（六）——花形諸家の作品〉，《臺日報》，1932、11、3，（六）。

25 賴明珠，前引書，頁40-41。

26 賴明珠，前引書，頁43。

27 1931年郭雪湖嘗首度至東京及京都等地旅遊，他自1932年開始嘗試以線條爲主的文人畫風，與此趟日本之旅有極密切的關係（賴明珠，前引書，頁43-44）。

28 鷗汀生，〈今年の台展（二）——努力の作『夕照』、寫生より寫意へ〉，《台日報》，1933、10、30，（二）；及鷗汀生，〈今年の台展（三）——南畫への新傾向、變り種子は少ない〉，《台日報》，1933、11、1，（二）。

29 鷗汀生，〈今年の台展（二）——努力の作『夕照』、寫生より寫意へ〉，前引文。

30 鄉原古統，〈呂氏百畫展〉，《台日報》，1932、2、28，（八）。

31 鄉原古統，〈どの作品にも努力の跡が歷歷、東洋畫の特選について〉，《台日報》，1932、10、27，（七）。

32 鷗亭生，〈台展の印象（六）——花形諸家の作品〉，前引文。

33 鷗亭生，〈台展評（一）——物足らぬ東洋畫の諸作頭の出來た作家が少ない〉，《台日報》，1931、10、31，（四）。

34 平井一郎，〈台展を觀る（下）——台灣畫壇天才の出現を待つ！〉，《新高新報》，1932、11、11，（三）。

35 錦鴻生，〈台展評——推薦特選級を見る（一）〉，1933，呂鐵州剪報，出處不詳。

36 鷗汀生，〈今年の台展（二）——努力の作『夕照』、寫生より寫意へ〉，《台日報》，1933、10、30，（二）。

日據時期台灣東洋畫的筆線意趣

黃冬富

一、前言

自古以來，線條一向在中國繪畫裡面擔任了骨架作用的重要審美機能，遠在五世紀末南齊謝赫在《古畫品錄》序裡所標舉之「繪畫六法」中，「骨法用筆」僅次於「氣韻生動」而被列爲品鑒繪畫的第二法。九世紀時唐末張彥遠的《歷代名畫記》裡更強調「骨氣形似皆本於立意，而歸乎用筆」，這種對於繪畫筆線意趣的用心和重視，逐漸成爲國人心目中的國畫重要特色之一，到了民國以後更出現以「線的雄辯」來說明中國繪畫之特質。[1]日據時期，遠紹中國唐宋工筆重彩畫風，復經日本本土審美品味之過濾，再摻以明治維新以來實證精神的自然主義所形成的「膠彩畫」風，隨著文化潮流的時勢推移，加以台展(台灣美術展覽會，台灣教育會主辦，1927-1936)和府展(台灣總督府美術展覽會，台灣總督府文教局主辦，1938-1945)評審導向之助力，終於在日據時期五十年的最後十八年間，以「東洋畫」之名稱取代中國傳統書畫之故有地位，而與西洋畫並列爲台灣新美術運動的畫壇兩大主流。雖然對於「東洋」一詞，中、日和歐美地區之界定頗不相同，[2]然而日據時期台灣畫壇約定俗成的「東洋畫」，則通常被指爲在台展和府展裡面，與「西洋畫」相對而泛指中國、日本、韓國等地的東亞系之畫風而言，其中則以膠彩畫爲主，並包含彩墨和水墨等媒材之畫作。當1927年第一屆台展開辦之初，「東洋畫部」除了領先感染到這股新潮的陳進、林玉山和郭雪湖等三位年未滿二十歲的「三少年」入選之外，不少成名多年的傳統書畫家意外地全部落選，造成當時台灣畫壇極大的錯愕與震憾。由於台、府展當時在畫壇地位極其尊崇，基於評審導向的大勢所趨，重視寫生及鄉土趣味的生活化取材，且習於「以膠敷彩」的工筆重彩之「東洋畫」，迅速發展壯盛而人才倍出，因而孕育出不少極爲傑出的第一代台灣膠彩畫家來。由於當時東洋畫與傳統國畫之風格落差不小，因此在台灣光復之初曾經在省展(台灣省全省美術展覽會，台灣省教育廳主辦，1946-)國畫部裡，爲爭取有限的得獎名額而曾經引發了長達三十多年的國畫名實之辯的「正統國畫之論爭」。歷經半個世紀之後，在民族情結的激情逐漸冷卻之後，本文從筆線意趣之層面，重新檢視日據時期活躍於台、府展和帝展之東洋畫家的畫風特質，擬就勻整雅緻的古典線描和轉折頓挫的浪漫筆線兩種筆線描繪型態進行討論。

二、勻整雅緻的古典線描

這一路筆線畫法基本上非常接近於中國古代的高古游絲描、琴弦描、鐵線描等，用筆尖中鋒爲主描繪之勻整、理性而節制的古典線描畫風。檢視歷屆台展、府展作品圖錄，可顯見日據時期台灣東洋畫家之人物畫和工筆重彩畫花鳥作品，絕大多數可歸屬於這一類的筆線意趣，此外也有部分風景畫亦屬之。

(一)、就人物畫部分而論，其中最具傳統國畫筆線意趣之人物畫當數林玉山的古裝人物「周濂溪」(1929，圖1)，該畫爲紙本淺設色，衣紋線描勻整流暢而有彈性，畫風雖受日人吉川靈華影響，但上溯其源頭也與東晉顧愷之「女史箴圖」頗有相近意趣。人物之外，樹、石以至於荷、竹等點景，均完全屬宋畫系統的傳統國畫之意趣。其中對於身軀結構和動態的深入觀察，以及合理而真實

圖1
林玉山 「周濂溪」
墨彩、紙
私人收藏
1929

之掌握，則更是宋代人物畫之特色，古畫中這類嚴謹的身軀結構動態之風格表現最精采者有五代顧閎中的「韓熙載夜宴圖」和北宋李公麟的「五馬圖」，唯大多數膠彩人物作品較少運用轉折剛正頓起頓收之技法。至於林氏人物作品時裝描寫的生活化取材，則以1944年所繪而於台陽十周年紀念展展出的「歸途」(北美館典藏)之線條最為活潑。畫中婦女之穿著裝束記錄了當時南台灣農家婦女常見之樣式。作者巧妙地運用各種不同筆線趣味來描繪不同部分之質感異趣。從農婦之斗笠、白頭巾、衣服以至於手臂之護腕，腰繫之竹裙，五官和手足，牛角、牛身、牛毛以及放置牛背上之蕉尾等，都以各種不同意趣的中鋒筆線靈巧變化地運寫描繪，尤其畫牛線條更是圓潤流暢而富生命力，將牛身的厚重結實詮釋得非常傳神。雖然筆線變化豐富，全圖又顯得十分調合，誠寓變化於統一，為深具台灣鄉土氣息兼具國畫意趣的重要代表作。

其次林之助於1939年所畫的「小閑」(北美館典藏，圖2)和1940年的「朝涼」(紀元2600年奉祝展入選)兩作，則近於唐朝閻立本「帝王圖卷」和「步輦圖卷」之線描樣式，中鋒筆線從容而流暢，不作粗細頓挫轉折之變化，衣褶作弧狀圓轉；平滑而順暢，人物身軀在衣紋線描結構之下，顯得豐實而具體，也是具有唐宋人物畫風特質之佳構。

至於為因應緊身服飾者之行走動態的描寫所需，而採取圓轉彎曲的中鋒短筆線所繪寫之作，則以陳敬輝於1941年在第五回府展所發表的「尾錠」(圖3)一作特別具有代表性。該畫以著日式軍服且全副武裝而狀似整裝待發為主題，線條略似蚯蚓描卻較之為短，其屈曲宛轉略似顫筆水紋描卻更為圓潤而舒緩。中鋒運筆沈著勻厚，身軀結構以及行走動態均極為精準嚴謹，筆線與形體配合無間，可以看出作者嚴謹的觀察和素描功力之紮實。而且其線條顯然並非僅出於率意誇示其先驗之線描功力而已，誠屬「線的雄辯」之東洋人物畫作品之好範例。

雖然不少日據時期東洋畫家之人物畫風，由於處理手法之不同，未必能如同前述諸作積極地凸顯國畫傳統「線的雄辯」之筆線意趣，然而細觀其筆線之運用，也不難發現不乏精美絕倫之作。如陳進的「合奏」(1934，第15回帝展入選)、「化妝」(1936，日本春季帝展入選)等兩件作品，均以嫻靜典雅之中鋒筆線勾描衣紋形體，筆線極其工緻、柔和、均勻而且頗能適切地襯托出女性婀娜的身姿體態。其色彩尤其在服飾部分普遍罩以蛤粉而成不透明色彩，層層

圖2 林之助「小閑」膠彩、紙
台北市立美術館典藏 1939

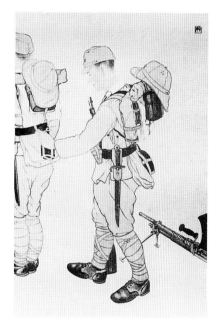

圖3 陳敬輝「尾錠」1941
翻拍自第四回府展圖錄

敷染之下，不但呈現出厚實的立體感，而且也讓各種飾物以至於衣服紋飾浮雕式地浮出畫面之效果。然而也由於如此之故，其線條不像傳統國畫人物以至於前述諸作在畫面上所造成的積極視覺機能，也不作如同鐵線描之轉折頓挫之強烈性格，不過仍然不掩其線條之美。

就目前可見之日據時期東洋畫家作品集，以及歷屆台展、府展作品圖錄，多數不出上述幾類勻整雅緻的古典線描風格之外。

(二)、就花鳥畫部分而論，日據時期入選台展和府展東洋畫部之台籍畫家作品中，於題材方面以花鳥畫佔第一位，其數量甚至超過總數的一半以上。[3]其中，運用宋代院畫雙勾填彩的古典工筆線描手法之畫家，以北部(桃園大溪)的呂鐵州和中南部(嘉義)的林玉山最具代表性，而且兩人所培育並活躍於台府展的東洋畫家弟子數量也最多。以呂氏於1938年出品於第一屆府展的「母鷺哺雛鷺」(圖4)一作爲例，圖中畫白鷺鷥築巢於刺竹叢內，巢內小鷺仰首嗷嗷待哺，母鷺趨往餵食狀。作者運用斜線構圖營造動勢頗增生氣。鷺鷥、竹幹、竹葉，甚至於細微的竹枝末梢，也都以雙勾填彩層層敷染的方式，精謹細緻而一筆不苟，甚至深入觀察到竹枝如何地抽枝生葉，都交待得非常清楚，誠可謂之精工之極。而其筆線則勻整雅緻，工韻兼具，很容易讓我們想起北宋院畫名蹟「梅竹聚禽圖」的描繪手法，也與北宋徽宗時期院畫家韓若拙所主張的：「每作一禽，自嘴至足皆有名，而羽毛有數。」[4]其深入觀察物象結構以至於生態之寫生態度頗爲相近。檢視呂氏出品於歷屆台、府展之作品，不但以工筆重彩花鳥佔大多數，而且其弟子許深州、呂汝濤、呂孟津、余德煌、游本鄂、廖立芳、蘇淇祥、黃華州、林雪州、黃寶福、陳宜讓、余有鄰及羅訪梅等人，也多以類似風格花鳥作品發表於台展和府展。

林玉山日據時期發表的工筆花鳥作品，則以1930年發表於第四回台展的「蓮池」(圖5)一作最受矚目。該畫高147.5公分，橫215公分，爲絹本巨幅工筆重彩作品。構圖也運用斜線營造動勢和推移空間，點綴白鷺一隻，於荷叢間涉水

圖4
呂鐵州「母鷺哺雛鷺」
1938
翻拍自第一回府展圖錄

圖5 林玉山「蓮池」 膠彩、絹 國立台灣美術館典藏 1930

覓食，通幅絹地薄罩泥金，荷葉以石綠和石青層層敷染，盛開的荷花染以胭脂、蛤粉，富麗典雅之極。荷葉和荷花之正、側、向、背，俯仰變化之態，可謂觀察入微，表現得頗爲立體，中鋒淡墨勻整線條勾勒，更增層次感。乍看之下，很容易讓人想起南宋馮大有的「太液荷風圖」，題材和技法都非常相近，然「太液荷風圖」僅爲冊頁小品，而且石青和石綠重彩幾已剝落殆盡，因而勾勒之筆線和暈染之墨痕較爲明顯。而林氏之「蓮池」依然燦爛如新，顯見其用色調膠之功力和保存之得宜，更由於其畫幅之巨大而顯得雍容典雅。爲了製作這幅鉅作，林氏曾多次騎單車至郊外，徹夜候蓮塘，深入觀察荷花不同時辰之生態變化之奧妙。[5]這種精神與宋徽宗所要求院畫家們觀察牡丹花「四時朝暮，花蕊葉皆不同」的寫生精神頗爲相近。[6]林氏這如宋院畫家之所謂「觀物而審」之寫生精神，深深影響其指導之弟子，除了朱芾亭專攻風景之外，其他如盧雲生、張李德和、李秋禾、黃水文、莊鴻蓮、高銘村、吳利雄、江輕舟、張麗子、張敏子、楊萬枝等弟子，甚至於與他介於師友之間的林東令等人，也都受他影響而遵循這路宋院畫系統之工筆重彩的寫生花鳥風格。在台展和府展期間，林氏弟子多人榮獲特選榮獎，締造了極爲可觀之優異成績。整體檢視台、府展作品圖錄，以及目前已出版的第一代前輩膠彩畫家作品集，不難發現，絕大多數花鳥作品均運用勻整雅緻古典線描的宋代院體寫生風格。

(三)、就風景畫部分而論，日據時期以郭雪湖最爲突出，尤其1928年於第二回台展獲特選的「圓山附近」(北美館典藏，圖6)，更是倍受矚目，而且對於當時不少摸索自學之膠彩畫家們影響頗大。「圓山附近」一畫高91公分，橫182公分，爲絹本巨幅工筆重彩作品。據郭雪湖本人回憶當時繪製此畫之情形表示，爲了畫「圓山附近」，前後整整持續半年時光，每天前往圓山觀察寫生，前後畫了十幾

圖6 郭雪湖 「圓山附近」 膠彩、絹 台北市立美術館典藏 1928

張素描，改了又改，進而製作彩色畫稿，最後才完成三尺六尺的大畫來。[7]這種審慎而嚴謹地寫生經營畫作之態度，與林玉山畫「蓮池」之過程也頗為近似。「圓山附近」也是用古典的中鋒筆線勾勒墨骨，山巖崖石結構略近於馬牙皴，然而只施以勾染而不加皴法，這種「只勾不皴」之畫法頗近於唐代山水樣式。值得留意的是山上的喬木、灌木、草叢，以及山腰之菜畦、山下之蔗田、甚至於中景之橋樑等等，也都以古典筆線雙勾填染之方式為之，並以石綠和石青為其主要基調，堪稱典型寫生式「青綠山水」。難得的是，在敷染石青、石綠等顏料之前，均先以赭石打底，是以色彩在「濃艷奪目」[8]之餘，仍然顯得調和而沈穩。由於郭氏畫膠彩之初，是出於觀摩自學的，能夠在出道之初，即靠自行研究而完成銜接唐宋古典工筆重彩精神而且風貌獨具的風景寫生鉅構，確屬極其不易。其後幾屆台展，他又陸續以類似之畫風發表了「春」(1929)、「新霽」(1931)、「朝霧」(1932)、「薰苑」(1933)等作品，也都得到了台展很高的肯定。因此，郭氏這種風貌獨具的雙勾填彩寫生畫風，在台展時期(尤其在中期)，曾感染到不少東洋畫家風景畫之風格導向。

1930年郭雪湖於第四回台展獲獎的「南街殷賑」(圖7)也是一件畫風極為特殊的膠彩畫。這件作品以描繪台北市大稻埕舊街風物為主題。兩旁高樓壁立，各式招牌琳瑯滿目，襯托出街道之狹窄。下方街道上各式攤販、挑伕、黃包車伕，以至於熙攘往來之人潮，頗為熱鬧。郭氏運用透視法來經營構圖和描繪建築物。在技法上則仍運用中鋒筆線不作頓挫起伏變化的勾勒填彩，層層敷染。歷經七十年後，迄今該畫色彩依然富麗燦然，頗富鄉土風味的民俗意趣。其描繪手法雖略近於中國古代院畫系統之界畫，然其不同之處，則在於「南街殷賑」之線條顯然出於徒手所繪而未運用「以界引線」之界畫技法；其次則在於其色彩暈染的

表現機能較之線條說服力之強調更見是用心。可惜郭雪湖這類濃郁鄉土風的民俗畫創作只是曇花一現，其後未見再更進一步作持續探討。檢視日據時期台、府展作品圖錄，相近之表現樣式，也僅見到1927年第一回台展由日人村上英夫所畫的「基隆燃放水燈圖」，第三回台展施玉山所畫的「朝天宮之祭」，以及1941年林之助所畫而發表於第四回府展之「冬日」(圖8)等三件作品而已。其中郭雪湖、村上英夫和施玉山三件作品，較具民俗趣味，而林之助的「冬日」則顯得比較理性而富抽象趣味之現代感，也是極為特殊的一件作品。

林之助的「冬日」係取景於由室內遠眺窗外的建築群，其透視法之運用較諸前述三件作品更為嚴謹，以西方線透視

圖7
郭雪湖 「南街殷賑」
膠彩、絹
台北市立美術館典藏
1930

圖8 林之助 「冬日」 膠彩、紙
國立台灣美術館典藏 1941

法將由近而遠，錯綜穿雜的建築物統攝在一共同之消失點上，他巧妙地採用互補色混合的方式調出各種變化微妙的灰色調以降低彩度，運用深淺對比之原理，以中鋒運寫反白的勻整筆線描繪輪廓和結構細節，其線條的表現機能較諸郭雪湖的「南街殷賑」更為凸顯，而更接近於中國的界畫。然甚筆線仍出於徒手所繪，筆線所分割而成的幾何色塊頗富構成趣味，格外顯得理性而冷靜。

三、轉折頓挫的浪漫筆線

至於日據時期東洋畫作中，能運用轉折挫以至於粗細乾溼變化之浪漫筆線，以營造更為積極的「線的雄辯」之筆線表現機能者，則以山水畫最具代表性，而花鳥畫則次之。

(一)、就風景畫部分而論，在歷屆台、府展入選於東洋畫部的風景畫作品中，事實上有不少台籍畫家之作品，不論構圖、造形母題，以至於筆墨技法都完全屬於元明以降文人畫系統的南宗畫風者。除了眾所熟知1927年郭雪湖入選第一回台展的「松壑飛泉」之外，尚有朱芾亭入選第六回台展的「雨去山色新」(師法青木大水的米氏雲山法)，第七回的「宿雨收」，第八回的「水鄉秋趣」，第十回的「返照」；徐清蓮入選第二回台展的「八獎溪」，第四回台展的「春宵」(圖9，取法山口蓬春的唐風山水法)、第六回的「山寺曉靄」，第七回的「秋山蕭寺」等；蔡文華第六回府展的「寒林幽居」(典型的明清枯筆淡墨文人畫，略近於橋本關雪之畫風)。上述這些作品，以造境為多，基本上都是與中國元明以降的山水畫風無明顯的分別之所謂「南畫」風格，其筆線意趣自不待言。至於其他出於寫生的東洋畫風景作品中，則以郭雪湖、呂鐵州和林玉山等人的筆線變化較為明顯。

郭雪湖在台展後期結束其「圓山附近」系列之雙勾填彩的青綠重彩綿密風景畫風之後，曾出現過跳躍式多種新風格之嘗試，到日據末期，在結合膠彩和傳統水墨趣味方面的嘗試上，則已然顯見其較為持續的探索路線，其中1941年出品於第四回府展的「廣東所見」，不但靈活運用新筆之筆尖，轉折頓挫勁利颯爽，靈活輕快甚至運用墨塊點捺，營造樹叢之光影效果，趣味較近於竹內栖鳳，川合玉堂和橋本關雪之間；至於其1943年第六回府展所出品之「鼓浪嶼所見」，則筆較拙澀，轉折頓挫以及線條之枯潤變化，更接近於明清文人畫之筆線趣味。

圖9
徐清蓮「春宵」
1930
翻拍自第四回台展圖錄

呂鐵州風景畫所展現的筆線趣味，則以1941年第四回府展所發表的「南國四題」之四件作品較具代表性。呂氏與郭雪湖同樣運用新筆之筆尖描繪筆線，然他較少轉折頓挫之變化，而在起伏收放枯潤層次之運用上特別用心，因而善於營造蒼厚綿密的山川肌理和茅草屋頂質感，頗富鄉土氣息。

林玉山於日據時期除了膠彩畫之外，也創作不少水墨寫生畫作，如1926年所畫的「牧牛」為具筆趣墨韻的鄉土寫生小品；1932年的「觀瀑圖」則屬時裝點景人物的傳統山水畫；1937年之「小橋流水」墨韻渾潤，筆緻清雅似受竹內栖鳳之影響；至於他於1935年出品於第九回台展的「故園憶舊」膠彩風景畫，則重彩疊繪墨筆之上，形成「以色代墨」之效果，然其筆線收放起伏和頓挫轉折之意趣，仍然洋溢畫面之上。

(二)、就花鳥部分而言，則多於描繪花木之枝幹時，欲顯其蒼老堅實之質感而運用轉折頓挫之筆線趣味。如林玉山於1933年所畫的膠彩畫「綠蔭」之枝幹，筆線轉折頓挫勁挺有力，對於光復以後台灣師大國畫花鳥畫風用筆，影響頗為深遠。1936年畫的「薰風」(施翠峰藏)，亦屬膠彩作品，其樹幹之用筆變化更為熟練。此外，呂鐵州於1942年出品第五回府展的「梅檀」，用拙澀顫掣的枯筆焦墨描繪

枝枝老幹，顯蒼勁而沈穩；郭雪湖於1940年所畫的「秋江
冷艷」之四聯通屏巨幅，樹幹之轉折頓挫勁利颯爽，一如
其隔年所畫「廣東所見」之風景畫。

四、結語

從筆線意趣之層面檢視日據時代台籍東洋畫家之畫作，基
本上以遠紹唐宋勻整雅緻的古典線描為主，而且以人物和
花鳥畫之使用較為普遍。至於轉折頓挫的浪漫筆線則在府
展以後才較常出現於風景和花鳥畫中。由於東洋畫家們對
於造形嚴謹度掌握之考量，超過對於線條純美機能之率性
發揮，加以層層敷染的富麗典雅色彩機能之刻意經營，因
而線條性格普遍趨向於客觀、理性而且節制情感之過度奔
放。在畫面上，相較於元明以降的中國繪畫而言，較難以
凸顯所謂「線的雄辯」之積極表現機能。雖然不少東洋畫
家，透過日本近代名家之畫風間接傳習我國唐宋以至元明
畫風，然就筆線意趣之層面加以比對，可以看出其與中國
繪畫傳統之間，仍然顯示出一家眷屬的密切血緣關聯。

(作者為國立屏東師範學院美勞教育學教授兼系主任)

註釋

1 「線的雄辯」之說法首見於1930年1月在《東方雜誌》第27卷
第1號所發表的〈中國美術在現代藝術上的勝利〉一文。該文
強調民初不論傳統派革新派，皆重視筆線機能之發揮而不願
輕言放棄。

2 據日人谷信一、野間清六所編之《美術鑑定事典》（東京：東
京堂，昭和42年3版）所載：在中國提到東洋定指日本；在日
本提到東洋則指日本以外的東亞地區；而歐美所稱的東洋，
指的是包括日本所在的東亞地區之全部。

3 據李進發先生之統計。詳見李進發，《日據時期台灣東洋畫
之研究》，國立台灣師範大學碩士論文，1992年，自印，頁
188。

4 鄧椿，《畫繼》，卷六，韓若拙條。

5 詳見林玉山，〈花鳥畫經驗談〉，收入《書畫家》，1983年
4月，頁17。

6 同註三，卷十，雜說，論近。

7 詳見郭雪湖，〈我初出畫壇〉，收入《台北文物》（美術運動
專號）三卷四期，1955年3月，頁70-76。

8 郭雪湖語，同前註。

圖版
Plates

北台灣 Northern Taiwan

日籍畫家
Japanese Artists

木下靜涯 KINOSHITA Seigai (1887-1988)
生於日本信州（今長野縣）上伊那

鄉原古統 GOBARA Koto (1887-1965)
生於日本信州（今長野縣）廣丘

村上無羅（英夫）MURAKAMI Mura
(1926東京美術學校日本畫科畢業)

石原紫山 ISHIHARA Shisan
(1904-?)

■ 台北 Taipei
李學樵 LEE Hsueh-chiao (1878/1893-?)
蔡雪溪 TSAI Hsueh-hsi (1884/1893-?)
任瑞堯（雪崖）JEN Jui-yao (1907-1991)
郭雪湖 KUO Hsueh-hu (1908-)
蔡雲巖（永）TSAI Yun-yen (1908-1977)
許眺川 HSU Tiao-chuan (1911-1976)
周紅綢 CHOU Hung-chou (1914-1979)
林阿琴 LIN A-chin (1915-)
黃早早 HUANG Tsao-tsao (1915-1999)
黃新樓 HUANG Hsin-lou (1922-)

■ 淡水 Tanshui
陳敬輝 CHEN Ching-hui (1911-1968)
林玉珠 LIN Yu-chu (1919-)

■ 桃園 Taoyuan
呂鐵州 LU Tieh-chou (1899-1942)
林雪州 LIN Hsueh-chou (生卒年不詳)
許深州 HSU Shen-chou (1918-)

■ 新竹 Hsinchu
陳進 CHEN Chin (1907-1998)

■ 苗栗 Miaoli
邱金蓮 CHIU Chin-lien (1912-)

中台灣 Central Taiwan

■ 台中 Taichung
呂汝濤 LU Ju-tao (1871-1951)
呂孟津 LU Meng-chin (1895-1977)
陳慧坤 CHEN Hui-kun (1907-)
林柏壽 LIN Po-shou (1912-)
林之助 LIN Chi-chu (1917-)

南台灣 Southern Taiwan

■ 嘉義 Chiayi
張李德和 CHANG Lee Te-ho (1893-1972)
陳澄波 CHEN Cheng-po (1895-1947)
吳梅嶺（天敏）WU Mei-ling (1897-)
林東令 LIN Tung-ling (1905-)
林玉山 LIN Yu-shan (1907-)
黃水文 HUANG Shui-wen (1914-)
李秋禾 LEE Chiu-ho (1917-1956)

■ 台南 Tainan
潘春源 PAN Chun-yuan (1891-1972)
黃靜山 HUANG Chin-shan (1907-)
潘麗水（雪山）PAN Li-shui (1914-1995)

備註：台籍畫家名單依出生地(由北而南)及出生年月為先後順序　Note: Taiwanese Artists are listed according to their birth place (from north to south) and date of birth.

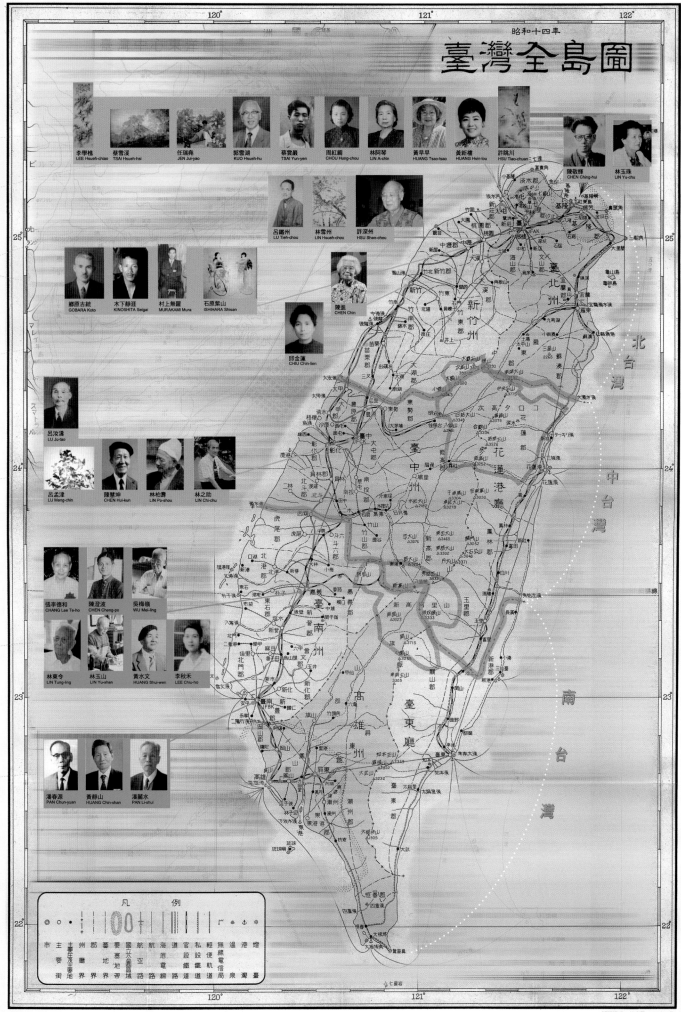

昭和十四年
臺灣全島圖

李學樵 LEE Hsueh-chiao　蔡雪溪 TSAI Hsueh-hsi　任瑞堯 JEN Jui-yao　郭雪湖 KUO Hsueh-hu　蔡雲巖 TSAI Yun-yen　周紅綢 CHOU Hung-chou　林阿琴 LIN A-chin　黃早早 HUANG Tsao-tsao　黃新樓 HUANG Hsin-lou　許迢川 HSU Tiao-chuan　陳敬輝 CHEN Ching-hui　林玉珠 LIN Yu-chu

呂鐵州 LU Tieh-chou　林雪州 LIN Hsueh-chou　許深州 HSU Shen-chou

鄉原古統 GOBARA Koto　木下靜涯 KINOSHITA Seigai　村上無羅 MURAKAMI Mura　石原紫山 ISHIHARA Shisan　陳進 CHEN Chin

邱金蓮 CHIU Chin-lien

呂汝濤 LU Ju-tao

呂孟津 LU Meng-chin　陳慧坤 CHEN Hui-kun　林柏壽 LIN Po-shou　林之助 LIN Chi-chu

張李德和 CHANG Lee Te-ho　陳澄波 CHEN Chang-po　吳梅嶺 WU Mei-ling

林東令 LIN Tung-ling　林玉山 LIN Yu-shan　黃水文 HUANG Shui-wen　李秋禾 LEE Chiu-ho

潘春源 PAN Chun-yuan　黃靜山 HUANG Chin-shan　潘麗水 PAN Li-shui

北台灣

中台灣

南台灣

凡　　例

版面構成：林宗興　2000年6月

北台灣

Northern Taiwan

木下靜涯 (1887-1988)
南國初夏
膠彩、絹
台北市立美術館典藏

KINOSHITA Seigai
Early Summer in a Southern Country
Gouache on silk
Taipei Fine Arts Museum Collection
214.7 × 87.3 cm, 1920–30

木下靜涯 (1887–1988)
菊花
膠彩、絹
私人收藏

KINOSHITA Seigai
Chrysanthemums
Gouache on silk
Private collection
128.5 × 42 cm, 1940

木下靜涯 (1887-1988)
雙鶴
膠彩、絹
私人收藏

KINOSHITA Seigai
Two Cranes
Gouache on silk
Private collection
141.5 × 50 cm

木下靜涯 (1887−1988)
淡水港
膠彩、絹
私人收藏

KINOSHITA Seigai
Tanshui Port
Gouache on silk
Private collection
127 × 41.5 cm

木下靜涯 (1887-1988)
淡水港
膠彩、絹
私人收藏

KINOSHITA Seigai
Tanshui Port
Gouache on silk
Private collection
126×41 cm

鄉原古統 (1887-1965)
台灣山海屏風－能高大觀
水墨、紙
私人收藏
第四回台展參展《無鑑查》（審查員）

GOBARA Koto
Taiwanese Landscape Screen-
View of Nengkao Mountain
Ink on paper
Private collection
172 × 373 cm (2), 1930

鄉原古統 (1887-1965)
台灣山海屏風－北關怒潮
水墨、紙
私人收藏
第五回台展參展《無鑑查》（審查員）

GOBARA Koto
Taiwanese Landscape Screen-
Tempestuous Waves in Peikuan
Ink on paper
Private collection
172 × 373 cm (2), 1931

鄉原古統 (1887-1965)
台灣山海屏風－木靈
水墨、紙
私人收藏
第八回台展參展（審查員）

GOBARA Koto
Taiwanese Landscape Screen-
Spirit of the Forest
Ink on paper
Private collection
172 × 373 cm (2), 1934

鄉原古統 (1887-1965)
台北名所繪畫十二景
淡彩、紙
私人收藏

GOBARA Koto
Twelve Points of Interest in Taipei
Ink and color on paper
Private collection
18.6 × 21.3 cm (12), 1920−25

郷原古統 (1887-1965)
麗島名華鑑
淡彩、紙
私人收藏

GOBARA Koto
Indigenous Flowers to Taiwan
Ink and color on paper
Private collection
18.6 × 21.3 cm (9), 1920-25

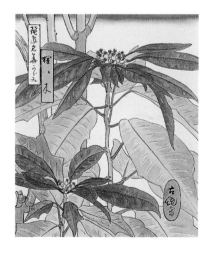

村上無羅（英夫）
基隆燃放水燈
膠彩、絹
國立台灣美術館典藏
第一回台展《特選》

MURAKAMI Mura
The Ghost Festival in Keelung
Gouache on silk
Taiwan Museum of Art Collection
198 × 160 cm, 1927

村上無羅（英夫）
林泉廟丘
膠彩、紙
私人收藏
第六回台展入選

MURAKAMI Mura
Temple on a Hill
Gouache on paper
Private collection
160 × 160 cm, 1932

村上無羅（英夫）
瑪蘭社的印象
膠彩、紙
台北市立美術館典藏
第八回台展入選

MURAKAMI Mura
Impressions of the Malan Tribe
Gouache on paper
Taipei Fine Arts Museum Collection
210.3 × 180.2 cm, 1934

石原紫山（1904–？）
タルラツクの避難民（比島作戦從軍紀念）
膠彩、紙
私人收藏
第六回府展《總督賞》

ISHIHARA Shisan
Refugees in Tarlac
Gouache on paper
Private collection
178 × 152 cm, 1943

李學樵 (1878/1893-？)
螃蟹
水墨、絹
私人收藏

LEE Hsueh-chiao
Crabs
Ink on silk
Private collection
120.5 × 38 cm, 1941

許眺川 (1911–1976)
富貴國香
膠彩、紙
私人收藏

HSU Tiao-chuan
Fragrant Peonies
Gouache on paper
Private collection
66.5 × 137.5 cm, 1938

蔡雪溪 (1884/1893-？)
美女圖
墨彩、紙
私人收藏

TSAI Hsueh-hsi
Beautiful Lady
Ink and color on paper
Private collection
138 × 41 cm, 1923

蔡雪溪 (1884/1893-？)
花鳥（玉堂富貴）
膠彩、紙
國立台灣美術館典藏

TSAI Hsueh-hsi
Bird and Flowers
Gouache on paper
Taiwan Museum of Art Collection
137.3 × 39.3 cm, 1942

任瑞堯（雪崖）(1907-1991)
松鷹
墨、膠彩、紙
私人收藏

JEN Jui-yao
Eagle Resting on a Pine Tree
Ink and gouache on paper
Private collection
116 × 40 cm, 1922

任瑞堯（雪崖）(1907-1991)
石上貓
墨、膠彩、紙
私人收藏

JEN Jui-yao
Cat on a Rock
Ink and gouache on paper
Private collection
134.5 × 39.5 cm, 1923

郭雪湖 (1908-)
圓山附近
膠彩、絹
台北市立美術館典藏
第二回台展《特選》

KUO Hsueh-hu
Yuanshan Environs
Gouache on silk
Taipei Fine Arts Museum Collection
94.3 × 175 cm, 1928

郭雪湖（1908-　）
南街殷賑
膠彩、絹
台北市立美術館典藏
第四回台展《台展賞・無鑑查》

KUO Hsueh-hu
Festival on South Street
Gouache on silk
Taipei Fine Arts Museum Collection
188 × 94.5 cm, 1930

蔡雲巖（永）(1908–1977)
竹林初夏
膠彩、絹
台北市立美術館典藏
第九回台展入選

TSAI Yun-yen
Bamboo-Grove in Early Summer
Gouache on silk
Taipei Fine Arts Museum Collection
225.2 × 146.7 cm, 1935

蔡雲巖（永）(1908-1977)

雄飛
膠彩、絹
台北市立美術館典藏
第二回府展入選

TSAI Yun-yen
Hawk above Waves
Gouache on silk
Taipei Fine Arts Museum Collection
168.2 × 172 cm, 1939

周紅綢 (1914–1979)
少女
膠彩、絹
私人收藏
第十回台展入選

CHOU Hung-chou
Girl
Gouache on silk
Private collection
90 × 120 cm (2), 1936

周紅綢 (1914-1979)
藍鳥
膠彩、絹
私人收藏

CHOU Hung-chou
Blue Bird
Gouache on silk
Private collection
20.5 × 30.5 cm

林阿琴 (1915-　)
南國
膠彩、絹
私人收藏
第七回台展入選

LIN A-chin
Southern Country
Gouache on silk
Private collection
87.8 × 170, 1933

林阿琴 (1915-)
黃莢花
膠彩、絹
私人收藏
第八回台展入選

LIN A-chin
Pudding-pipe Tree
Gouache on silk
Private collection
163.6 × 86, 1934

黃早早 (1915-1999)
林投
膠彩、絹
私人收藏
第九回台展入選

HUANG Tsao-tsao
False Pineapple
Gouache on silk
Private collection
87 × 176 cm, 1935

黃新樓（1922- ）
池畔
膠彩、絹
私人收藏
第三回府展入選

HUANG Hsin-lou
Pond Side
Gouache on silk
Private collection
87 × 146 cm, 1940

黃新樓 (1922-)
柚子
膠彩、絹
私人收藏
台陽展入選

HUANG Hsin-lou
Shaddock
Gouache on silk
Private collection
62.5 × 112.5 cm, ca. 1940

黃新樓（1922-　）
曇花
膠彩、絹
私人收藏

HUANG Hsin-lou
Night Blooming Cereus
Gouache on silk
Private collection
138 × 41.5 cm, ca. 1940

陳敬輝 (1911-1968)
慶日
膠彩、紙
國立台灣美術館典藏
第十四回省展

CHEN Ching-hui
Festival
Gouache on paper
Taiwan Museum of Art Collection
77 × 91.5 cm, 1959

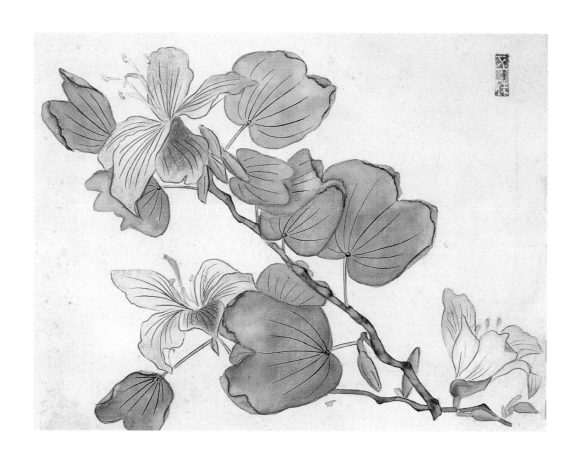

林玉珠 (1919-)
香港緋櫻
膠彩、絹
私人收藏

LIN Yu-chu
Cherry Blossom
Gouache on silk
Private collection
26.5 × 34 cm, 1935

林玉珠 (1919-)
淡江雲霧
膠彩、絹
私人收藏

LIN Yu-chu
Rising Mist in Tanshui
Gouache on silk
Private collection
37 × 52.5 cm, 1937

林玉珠 (1919-)
西照港埠
膠彩、絹
私人收藏

LIN Yu-chu
Sunset in Tanshui Port
Gouache on silk
Private collection
33 × 45.5 cm, 1940

呂鐵州 (1899-1942)
後庭
膠彩、紙
台北市立美術館典藏

LU Tieh-chou
Backyard
Gouache on paper
Taipei Fine Arts Museum Collection
213 × 87 cm (2), 1931

呂鐵州 (1899-1942)
夕月
膠彩、絹
國立台灣美術館典藏
第五回台展入選

LU Tieh-chou
The Setting Moon
Gouache on silk
Taiwan Museum of Art Collection
141.8 × 48 cm, 1931

呂鐵州 (1899-1942)
南國十二景之一（戎克船）
膠彩、絹
私人收藏

LU Tieh-chou
Twelve Scenes from a Southern Country-
Local Boat
Gouache on silk
Private collection
51 × 63 cm, 1941

呂鐵州 (1899-1942)
南國十二景之一（淡水）
膠彩、絹
私人收藏

LU Tieh-chou
Twelve Scenes from a Southern Country-
Tanshui
Gouache on silk
Private collection
51 × 63 cm, 1941

呂鐵州 (1899-1942)
南國十二景之一（北斗農家）
墨彩、紙
私人收藏

LU Tieh-chou
*Twelve Scenes from a Southern Country-
Rural Peitou*
Ink and color on paper
Private collection
53.5 × 66.5 cm, 1934-35

呂鐵州 (1899–1942)
南國十二景之一（台北附近）
膠彩、絹
私人收藏

LU Tieh-chou
Twelve Scenes from a Southern Country-
Taipei Outskirts
Gouache on silk
Private collection
51 × 63 cm, 1941

呂鐵州 (1899-1942)
刺竹
膠彩、紙
私人收藏
第五回府展入選

LU Tieh-chou
Bamboo
Gouache on paper
Private collection
60 × 84 cm (2), 1942

林雪州
椿
膠彩、絹
私人收藏

LIN Hsueh-chou
Camellia
Gouache on silk
Private collection
123 × 36 cm

許深州 (1918－　)
閒日
膠彩、絹
私人收藏
第五回府展入選

HSU Shen-chou
Lazy Day
Gouache on silk
Private collection
135 × 75 cm, 1942

許深州 (1918-)
秋興
膠彩、紙
國立台灣美術館典藏
第二回省展參展

HSU Shen-chou
Autumn Pleasures
Gouache on paper
Taiwan Museum of Art Collection
164.8 × 148.2 cm, 1947

許深州 (1918-)
賞畫
膠彩、紙
私人收藏
第十回省展參展

HSU Shen-chou
Enjoying Art
Gouache on paper
Private collection
90 × 132 cm, 1955

陳進 (1907-1998)
悠閒
膠彩、絹
台北市立美術館典藏

CHEN Chin
Leisure
Gouache on silk
Taipei Fine Arts Museum Collection
136 × 161 cm, 1935

邱金蓮 (1912-　)
雁來紅
膠彩、絹
私人收藏
第六回台展入選

CHIU Chin-lien
Chinese Amaranth
Gouache on silk
Private collection
58 × 55 cm, 1932

邱金蓮 (1912-)
阿拉曼達(アラマンダー)
膠彩、絹
台北市立美術館典藏
第七回台展入選

CHIU Chin-lien
Alamanda
Gouache on silk
Taipei Fine Arts Museum Collection
75 × 96 cm, 1933

中台灣

Central Taiwan

呂汝濤 (1871-1951)
百雀圖
膠彩、絹
私人收藏

LU Ju-tao
One Hundred Sparrows
Gouache on silk
Private collection
132 × 43 cm

呂孟津 (1895-1977)
花鳥
膠彩、絹
國立台灣美術館典藏

LU Meng-chin
Bird and Flowers
Gouache on silk
Taiwan Museum of Art Collection
123.5 × 50 cm, ca. 1938

呂孟津 (1895-1977)
菊花
膠彩、絹
國立台灣美術館典藏

LU Meng-chin
Chrysanthemums
Gouache on silk
Taiwan Museum of Art Collection
123.5 × 50 cm, ca. 1940

陳慧坤（1907－　）
無題
膠彩、絹
台北市立美術館典藏
第六回台展入選

CHEN Hui-kun
Untitled
Gouache on silk
Taipei Fine Arts Museum Collection
141 × 80.5 cm, 1932

120

陳慧坤 (1907－　)
古美術研究
膠彩、紙
台北市立美術館典藏

CHEN Hui-kun
Research Room for Ancient Art
Gouache on paper
Taipei Fine Arts Museum Collection
186 × 122 cm, 1948

林柏壽 (1912-　)
刺繡
膠彩、紙
私人收藏
第四回府展《特選》

LIN Po-shou
Embroidery
Gouache on paper
Private collection
173 × 93 cm, 1941

林之助（1917-　）
小閒
膠彩、紙
台北市立美術館典藏
日本第四回兒玉希望畫塾展參展

LIN Chi-chu
Taking a Break
Gouache on paper
Taipei Fine Arts Museum Collection
195.5 × 152 cm, 1939

林之助 (1917-　)
朝涼
膠彩、紙
國立台灣美術館典藏
日本紀元2600年奉祝展入選

LIN Chi-chu
Bathing in the Morning
Gouache on paper
Taiwan Museum of Art Collection
249.3 × 188 cm, 1940

林之助（1917- ）
冬日
膠彩、紙
私人收藏
第四回府展入選

LIN Chi-chu
Winter's Day
Gouache on paper
Private collection
147 × 141 cm, 1941

南台灣

Southern Taiwan

張李德和（1893-1972）
蝴蝶蘭
膠彩、紙
台北市立美術館典藏

CHANG Lee Te-ho
Phalaenopsis
Gouache on paper
Taipei Fine Arts Museum Collection
101.7 × 134.1 cm, 1940

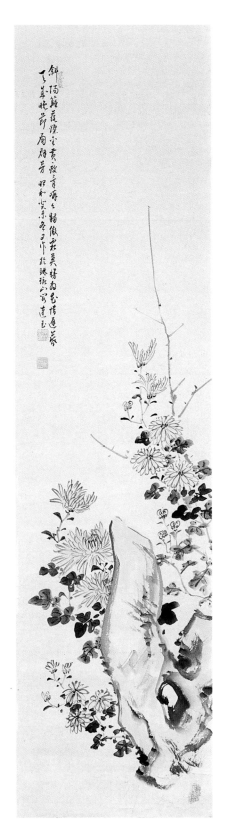

張李德和（1893-1972）
斜陽、菊
墨彩、紙
私人收藏

CHANG Lee Te-ho
Chrysanthemums at Sunset
Ink and color on paper
Private collection
132 × 35 cm, 1943

張李德和等十一人
清風亮節
墨彩、紙
私人收藏

CHANG Lee Te-ho and Ten Other Artists
Clear Breeze and Bright Principles
Ink and color on paper
Private collection
153.5 × 80.5 cm, b. 1942

陳澄波 (1895-1947)
沈思
膠彩、絹
私人收藏

CHEN Cheng-po
Deep in Thought
Gouache on silk
Private collection
126 × 111 cm, 1926

吳梅嶺（天敏）(1897-)
庭園一隅
膠彩、絹
嘉義縣立文化中心梅嶺美術館典藏

WU Mei-ling
One Corner of a Courtyard
Gouache on silk
Collection, Mei-ling Museum of
Chiayi County Cultural Center
115 × 240 cm, 1935

吳梅嶺（天敏）（1897- ）
山水之一
膠彩、絹
嘉義縣立文化中心梅嶺美術館典藏

WU Mei-ling
Landscape 1
Gouache on silk
Collection, Mei-ling Museum of
Chiayi County Cultural Center
114 × 83 cm, 1933

吳梅嶺（天敏）(1897-)
山水之二
膠彩、絹
嘉義縣立文化中心梅嶺美術館典藏

WU Mei-ling
Landscape II
Gouache on silk
Collection, Mei-ling Museum of
Chiayi County Cultural Center
108×84 cm, 1933

吳梅嶺（天敏）（1897– ）
山水之三
膠彩、絹
嘉義縣立文化中心梅嶺美術館典藏

WU Mei-ling
Landscape III
Gouache on silk
Collection, Mei-ling Museum of
Chiayi County Cultural Center
117.5×86 cm, 1933

林東令 (1905-　)
鵪鶉
膠彩、絹
私人收藏

LIN Tung-ling
Quails
Gouache on silk
Private collection
119.5 × 42 cm

林玉山（1907- ）
周濂溪
墨彩、紙
私人收藏
第三回台展入選

LIN Yu-shan
Chou Lien-hsi
Ink and color on paper
Private collection
179 × 116 cm, 1929

林玉山 (1907-)
曉霜
墨彩、紙
台北市立美術館典藏
第五回府展《推薦》

LIN Yu-shan
Owl in the Morning Frost
Ink and color on paper
Taipei Fine Arts Museum Collection
132 × 159 cm, 1942

林玉山 (1907-　)
雙牛圖
膠彩、紙
台北市立美術館典藏
第四回府展《無鑑查・台日文化賞》

LIN Yu-shan
Oxen
Gouache on paper
Taipei Fine Arts Museum Collection
134.7 × 174 cm, 1941

林玉山 (1907-)
歸途
墨彩、紙
台北市立美術館典藏
台陽十週年紀念展參展

LIN Yu-shan
On the Way Home
Ink and color on paper
Taipei Fine Arts Museum Collection
154.5 × 200 cm, 1944

黃水文（1914-　）
南國初夏
膠彩、紙
國立台灣美術館典藏
第三回府展入選

HUANG Shui-wen
Early Summer in a Southern Country
Gouache on paper
Taiwan Museum of Art Collection
155.5 × 247 cm, 1940

黃水文 (1914-)
後庭
膠彩、紙
台北市立美術館典藏
第五回府展入選

HUANG Shui-wen
Backyard
Gouache on paper
Taipei Fine Arts Museum Collection
138.9 × 125.4 cm, 1942

李秋禾 (1917-1956)
野趣
墨彩、紙
國立台灣美術館典藏

LEE Chiu-ho
Fun in the Wild
Ink and color on paper
Taiwan Museum of Art Collection
67 × 91 cm, 1954

李秋禾 (1917-1956)
霜晨
墨彩、紙
私人收藏

LEE Chiu-ho
Owl in the Morning Frost
Ink and color on paper
Private collection
33 × 67 cm, 1955

李秋禾 (1917-1956)
蕉葉上的麻雀
墨彩、紙
私人收藏

LEE Chiu-ho
Sparrows on Plantain Leaves
Ink and color on paper
Private collection
34 × 45 cm, 1956

李秋禾 (1917-1956)
歸農
墨彩、紙
私人收藏
第十九屆台陽展

LEE Chiu-ho
Farmer Returning Home
Ink and color on paper
Private collection
52 × 69 cm, 1956

潘春源 (1891-1972)
牛車
膠彩、絹
私人收藏
第三回台展入選

PAN Chun-yuan
Ox and Cart
Gouache on silk
Private collection
134 × 80 cm, 1929

黃靜山（1907－ ）
乳牛
膠彩、絹
私人收藏

HUANG Ching-shan
Dairy Calf
Gouache on silk
Private collection
80 × 79 cm, 1931

潘麗水（雪山）(1914-1995)
畫具
膠彩、絹
私人收藏
第五回台展入選

PAN Li-shui
Painting Utensils
Gouache on silk
Private collection
71 × 100 cm, 1931

150

畫稿及相關作品

Study Sketches and Related Works

村上無羅（英夫）
茄子（畫稿）
膠彩、紙
私人收藏

MURAKAMI Mura
Eggplant (color sketch)
Gouache on paper
Private collection
128.5 × 60.5 cm, 1921

郭雪湖（1908- ）
薰苑（翻拍自第六回台展圖錄）
膠彩、絹
第六回台展《特選・無鑑查・台日賞》

KUO Hsueh-Hu
Chinese Garden
Gouache on silk
1932

郭雪湖 (1908-)
薰苑（畫稿）
膠彩、紙
私人收藏

KUO Hsueh-Hu
Chinese Garden (color sketch)
Gouache on paper
Private collection
186 × 133 cm, 1932

木下靜涯 (1887–1988)
淡水
膠彩、絹
私人收藏

KINOSHITA Seigai
Tanshui
Gouache on silk
Private collection
27 × 23.8 cm

木下靜涯 (1887–1988)
輕舟過江
水墨、紙
私人收藏

KINOSHITA Seigai
Small Boat Crosses Tanshui River
Ink on paper
Private collection
27 × 23.8 cm

蔡雲巖（永）(1908-1977)
淡水
膠彩、紙
私人收藏

TSAI Yun-yen
Tanshui
Gouache on paper
Private collection
62 × 87.5 cm, 1931

左上：
木下靜涯 (1887-1988)
摹　村瀬玉田「菊雀圖」畫稿
淡彩、紙
私人收藏

KINOSHITA Seigai
Copy of Murase Gyokuden's
"Bird and Chrysanthemums" (color sketch)
Ink and color on paper
Private collection
114 × 52.5 cm, 1903

右上：
木下靜涯 (1887-1988)
摹　松村景文「菊花圖」畫稿
淡彩、紙
私人收藏

KINOSHITA Seigai
Copy of Matumura Keibun's
"Chrysanthemums" (color sketch)
Ink and color on paper
Private collection
78 × 27 cm, 1904

左下：
木下靜涯 (1887-1988)
摹　松村景文「竹鶴圖」畫稿
淡彩、紙
私人收藏

KINOSHITA Seigai
Copy of Matumura Keibun's
"Crane and Bamboo" (color sketch)
Ink and color on paper
Private collection
116.5 × 48 cm, 1903

右下：
木下靜涯 (1887-1988)
摹　村瀬玉田「紅梅之鶴」畫稿
淡彩、紙
私人收藏

KINOSHITA Seigai
Copy of Murase Gyokuden's
"Crane and Red Plam Blossom" (color sketch)
Ink and color on paper
Private collection
120.5 × 38.5 cm, 1904

木下靜涯 (1887–1988)
菊花
膠彩、絹
私人收藏

KINOSHITA Seigai
Chrysanthemums
Gouache on silk
Private collection
128.5 × 42 cm, 1940

木下靜涯 (1887–1988)
雙鶴
膠彩、絹
私人收藏

KINOSHITA Seigai
Two Cranes
Gouache on silk
Private collection
141.5 × 50 cm

木下靜涯 (1887-1988)
摹　村瀬玉田「雨中山百合」畫稿
淡彩、紙
私人收藏

KINOSHITA Seigai
Copy of Murase Gyokuden's
"Mountain Lily in the Rain"
(color sketch)
Ink and color on paper
Private collection
137.5 × 46.5 cm, 1904

木下靜涯 (1887-1988)
摹　村瀬玉田「雨中山百合」畫稿
水墨、紙
私人收藏

KINOSHITA Seigai
Copy of Murase Gyokuden's
"Mountain Lily in the Rain"
(color sketch)
Ink on paper
Private collection
129 × 47 cm, 1904

蔡雲巖（永）(1908-1977)
摹　木下靜涯「雨中山百合」畫稿
淡彩、紙
私人收藏

TSAI Yun-yen
Copy of Kinoshita Seigai's
"Mountain Lily in the Rain"
(color sketch)
Ink and color on paper
Private collection
133 × 42 cm

蔡雲巖（永）(1908-1977)
樹葉（畫稿）
淡彩、紙
私人收藏

TSAI Yun-yen
Branches and Leaves (color sketch)
Gouache on paper
Private collection
42 × 30 cm

蔡雲巖（永）(1908-1977)
雀榕圖
膠彩、絹
私人收藏

TSAI Yun-yen
Sparrows and Hibiscus
Gouache on silk
Private collection
42 × 30.5 cm

木下靜涯 (1887-1988)
摹　村瀨玉田「牡丹雙雀圖」畫稿
膠彩、紙
私人收藏

KINOSHITA Seigai
Copy of Murase Gyokuden's
"Two Sparrows and Peopy" (color sketch)
Gouache on paper
Private collection
125 × 45.5 cm

蔡雲巖（永）(1908-1977)
摹　木下靜涯「牡丹雙雀圖」畫稿
淡彩、紙
私人收藏

TSAI Yun-yen
Copy of Kinoshita Seigai's
"Two Sparrows and Peopy" (color sketch)
Ink and color on paper
Private collection
133 × 42 cm

蔡雲巖（永）(1908-1977)
牡丹雙雀圖
膠彩、絹
私人收藏

TSAI Yun-yen
Two Sparrows and Peopy
Gouache on silk
Private collection
90 × 42 cm

蔡雲巖（永） (1908-1977)
茶花稚鷄 (素描)
淡彩、紙
私人收藏

TSAI Yun-yen
Pheasant and Camellia (sketch)
Ink on paper
Private Collection
93 × 62 cm

蔡雲巖（永） (1908-1977)
竹林初夏 (畫稿)
淡彩、紙
私人收藏

TSAI Yun-yen
Bamboo-Grove in Early Summer (color sketch)
Ink and color on paper
Private collection
150.5 × 53.5 cm

蔡雲巖（永）(1908-1977)
竹林初夏
膠彩、絹
台北市立美術館典藏
第九回台展入選

TSAI Yun-yen
Bamboo-Grove in Early Summer
Gouache on silk
Taipei Fine Arts Museum Collection
225.2 × 146.7 cm, 1935

陳敬輝 (1911−1968)

石榴（畫稿）

膠彩、紙

私人收藏

CHEN Ching-hui
Pomegranate (color sketch)
Gouache on paper
Private collection
36 × 29 cm, ca 1935

陳敬輝 (1911-1968)
蘭花 (畫稿)
膠彩、紙
私人收藏

CHEN Ching-hui
Orchid (color sketch)
Gouache on paper
Private collection
36 × 30.5 cm, ca. 1935

呂鐵州 (1899-1942)
鬥鷄 (白描稿)
水墨、紙
私人收藏

LU Tieh-chou
Fighting Cock (sketch)
Ink on paper
Private collection
42 × 33 cm, 1930s-1942

呂鐵州 (1899-1942)
鬥鷄 (白描稿)
水墨、紙
私人收藏

LU Tieh-chou
Fighting Cock (sketch)
Ink on paper
Private collection
42 × 33 cm, 1930s-1942

呂鐵州 (1899-1942)
蓖麻與軍鷄 (翻拍自第六回台展圖錄)
第六回台展《 特選・台展賞 》

LU Tieh-chou
Castor-oil Plant and Rooster
1932

呂鐵州 (1899-1942)
月桃（畫稿）
彩墨、紙
私人收藏

LU Tieh-chou
Shellflower (color sketch)
Ink and color on paper
Private collection
37 × 26 cm, ca. 1933

呂鐵州 (1899-1942)
月桃（畫稿）
彩墨、紙
私人收藏

LU Tieh-chou
Shellflower (color sketch)
Ink and color on paper
Private collection
37 × 26 cm, ca. 1933

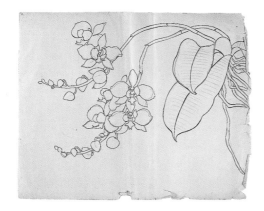

呂鐵州 (1899-1942)
蝴蝶蘭（畫稿）
水墨、紙
私人收藏

LU Tieh-chou
Phalaenopsis (sketch)
Ink and color on paper
Private collection
42 × 33 cm

張李德和 (1893-1972) 《琳瑯山閣墨寶》畫集之庭前所見、扶桑花、南國蘭譜(畫稿) 淡彩、紙 私人收藏

CHANG Lee Te-ho *Lin-lang Shan-ke Art Treasures: Lotus、Hibiscus、Orchid (color sketches)*

Ink and color on paper Private collection 118×32 cm

張李德和 (1893-1972) 庭前所見 (第七回台展入選)、扶桑花 (第三回府展《特選・總督賞》)、南國蘭譜 (第四回府展《特選》)

CHANG Lee Te-ho *Lotus、Hibiscus、Orchid* 1933、1940、1941

林東令 (1905-)
萱草寫生
膠彩、紙
私人收藏

LIN Tung-ling
Tawny Daylilly Still Life
Gouache on paper
Private collection
65 × 80 cm, 1954

張李德和（1893-1972） 《琳瑯墨寶》畫集之「春夜宴桃李圖」／林玉山畫、蘇朗晨字　淡彩、紙　私人收藏
CHANG Lee Te-ho　*Lin-lang Art Treasures: Painting by LIN Yu-shan, calligraphy by SU Lang-chen*
Ink and color on paper　Private collection　99 × 33 cm

夫天地者萬物之逆旅，光陰者百代之過客。而浮生若夢，為歡幾何？古人秉燭夜遊，良有以也。況陽春召我以煙景，大塊假我以文章。會桃李之芳園，序天倫之樂事。群季俊秀，皆為惠連；吾人詠歌，獨慚康樂。幽賞未已，高談轉清。開瓊筵以坐花，飛羽觴而醉月。不有佳作，何伸雅懷？如詩不成，罰依金谷酒數。

九月錄李白春夜宴桃李園以應
林郎山兄正之　汪鈞書

第四回臺灣美術展覽會圖錄

第二回臺灣美術展覽會圖錄

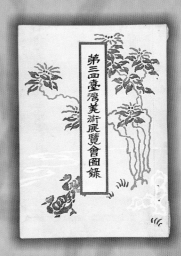

第三回臺灣美術展覽會圖錄

第四回臺灣美術展覽會圖錄

第五回臺灣美術展覽會圖錄

第六回臺灣美術展覽會圖錄

第七回臺灣美術展覽會圖錄

第八回臺灣美術展覽會圖錄

第九回臺灣美術展覽會圖錄

第十回臺灣美術展覽會圖錄

十屆「台灣美術展覽會」（1927-1936）及六屆「台灣總督府美術展覽會」（1938-1943）之展覽圖錄封面
※特別感謝顏娟英女士及王行恭先生提供台府展圖錄之相關圖片※

1935年1月2日，每年一度的初春會於鄉原古統宅邸舉行
前排：陳敬輝（左一）、郭雪湖（左二）、鄉原古統（左三）
後排坐者：村上無羅（左）、曹秋圃（中）、蔡雲巖（右）

1931年10月20日，於江山樓四樓
前排：鄉原古統（左二）、池上秀畝（中）
後排：呂鐵州（右二）

※ 特別感謝呂曉帆先生及蔡嘉光先生提供照片

932年3月3日，「呂鐵州百畫展」於總督府舊廳舍舉行
前排：呂鐵州（左三）、鄉原古統（右三）

1935年春，林玉山赴京都深造前，於台北市日日新報社舉行個展
前排由左至右：秋山春水、鄉原古統、林玉山、村上無羅、陳敬輝
後排由左至右：林榮杰、蔡雲巖、林德進、呂鐵州、郭雪湖、李秋禾

934年5月6日，栴檀社於台北教育會館舉行展覽會
前排：鄉原古統（左一）、鹽月桃甫（左三）、井上重人（右三）、
　　　陳進（右一）
後排：蔡雲巖（左一）、郭雪湖（左二）、村上無羅（左三）、
　　　呂鐵州（左四）、木下靜涯（右三）、秋山春水（右二）、
　　　陳敬輝（右一）

1936年3月，六硯會主辦送別鄉原古統畫展
前排：鹽月桃甫（左三）、鄉原古統（中）
後排：林錦鴻（左一）、蔡雲巖（左二）、曹秋圃（左三）、
　　　郭雪湖（中）、陳敬輝（右二）、楊三郎（右一）

934年，郭雪湖首次個展於台北市日日新報社舉行
前排：鄉原古統（左）、郭雪湖（中）、村上無羅（右一）
後排：秋山春水（左一）、呂鐵州（右二）

1939年秋，松林桂月與木下靜涯至嘉義訪問
前排由左至右：張錦燦、木下靜涯、松林桂月、張李德和
後排：林玉山（左一）、朱芾亭（左二）、黃水文（右一）、林榮杰

前排：鄉原古統（左三）、木下靜涯（右三）
後排由左至右：蔡雲巖、陳敬輝、林錦鴻、秋山春水、郭雪湖、村上無羅

前排：鄉原古統（右二）、木下靜涯（右一）
後排：村上無羅（左五）、蔡雲巖（右五）、郭雪湖（右四）、
　　　秋山春水（右二）

前排：村上無羅（左一）、木下靜涯（左二）
後排：蔡雲巖（左二）、郭雪湖（左三）、林玉山（左四）、陳敬輝（右四）、林錦鴻（右一）

前排：呂鐵州（左二）、鄉原古統（左三）、郭雪湖（右三）、陳敬輝（右二）
後排：羅訪梅（右一）

左起：呂鐵州、陳敬輝、郭雪湖、蔡雲巖、鄉原古統
右起：村上無羅、木下靜涯、陳進、結城素明

後 記

當一九九七年二月，本館獲知大稻埕蔡家收藏大批台灣早期東洋畫相關史料後，便開始與家屬積極聯繫，並在其慨然協助下，獲得研究此批作品的機會。一九九八年四月，由林本源文教基金會提供贊助，本館著手進行為期三年的「日據時期台灣膠彩畫探源」研究案，希望經由二位館外研究人員李進發、廖瑾瑗的調查，能豐富台灣膠彩畫的研究範疇，並寄望此項成果能為本館將舉行的日治時期東洋畫展，奠定堅實的研究基礎。然而兩年來，基於種種因素，除了台、府展東洋畫黑白圖版及鄉原古統現存作品完成建檔，以及本館投注大量人力為蔡家作品完成拍照登錄及基本分類外，這項研究計劃的其他進度進行緩慢，實在無法提供籌辦展覽完整而充分的基礎資料；此外，由於展覽檔期突然提前，做為美術館館員，只得在有限的資料與急迫的時間限制下，盡可能使展覽在既有的基礎下，呈現較具可看性及教育意義的面貌。

最初在籌辦這項展覽時，首先面對的是資料與畫作不足的窘境，其次則是國立台灣美術館可能因本身將籌辦展覽，而無法出借作品的困難，這使得我們原先估計這次展出規模，約莫只有五十件之譜。然而經過數月鍥而不捨的探訪，走遍了北、中、南台灣，只要聽聞一絲線索便火速前往，於是精彩作品也因此一件件慢慢出現了，而幾位年高八、九十歲的畫家娓娓道出昔日的動人神采，也使我們奔波的心情頓時沉潛下來；不過最令我們感激的是大多數受訪的藝術家、家屬或作品收藏者，總能夠抱持為後人留存文化資產的心意，熱忱地提供協助，盡力地促成此事。此外令人振奮的是，國立台灣美術館也在幾經協調後，慨然答應商借十餘件典藏精品，其中尚且包括三件甫從京都修護回台的重要作品，友館如此大力伸出援手，實在是堪稱文化界美事一樁。至於有關商借日籍畫家鄉原古統畫作的任務，則在今年四月由館長帶隊，一行人風塵僕僕前往日本長野拜訪。終於，在許多人的幫助下，公元兩千年台灣東洋畫的展覽，作品連同畫稿，件數達到百餘幅。

雖然籌展過程常常滿心感激，但有時也會感受些許遺憾，例如，籌備時間太短、展覽經費不足等，也盡力克服。另外，有些曾經是展覽規劃中非借到不可的重量級作品，但卻因為畫作狀況實在太脆弱、或因收藏者已經答應了他館借展的要求，所以不得不忍痛割愛。還有一些畫作遠在國外，更有一些作品是基於其他因素而無法出借，這使得有些非常傑出的藝術家，此次展出只有孤單一幅畫作，至於完全找不到作品的畫家，也只得在此展中缺席了。總之，我們盡其所能如期推出此項展覽，希望獲得更多熱忱的研究者共同投入，在不久的將來，能出現更加豐富的研究成果。

林育淳・雷逸婷

2000年台灣東洋畫探源籌展工作日誌

1/6 研議2001年6月之「台灣膠彩畫源流展」提前至2000年6月之可能性。

1/14 開會確定展覽檔期為2000年6月，調整展出規模為日治時期東洋畫展。

2/14 擬定台灣「東洋畫」探源展之展覽計畫。

3/6 致電美國洽談商借林阿琴作品。

就讀台北第三高等女學校且多次入選台展東洋畫部之女學生們
由左至右：林阿琴、邱金蓮、陳雪君、彭蓉妹

3/7 拜訪周紅綢之媳，洽借周紅綢作品及相關照片。拜訪黃新樓並洽借作品。

台北第三高等女學校圖畫科教師鄉原古統與其所指導入選台展東洋畫部之女學生們
由左至右：周紅綢、彭蓉妹、鄉原古統、黃早早、林阿琴

3/8 至國父紀念館參觀「台灣書畫三百年展」，探視許眺川作品「漁」。至台北全祥茶莊探視許眺川「群鯉游泳」，但因作品嵌在牆上無法拆除不予出借。

許眺川入選台展第十回作品「群鯉游泳」(1936)

3/9 致電美國洽借黃早早作品之可能性。

就讀台北第三高等女學校時期曾隨鄉原古統習畫的黃早早

3/10 至豐原洽借林柏壽作品。至國立臺灣美術館拜訪並洽談商借十餘件典藏品之可能性。

3/12 至台南拜訪黃靜山並洽借作品。拜訪潘麗水之子並洽借潘麗水作品。

1930年，黃靜山於畫室製作「南國之船」該作入選第四回府展

台南傳統寺廟畫師潘春源之子潘麗水繼承父親衣缽，1934年已能獨當一面，投入寺廟畫師工作

3/13 至嘉義縣立文化中心及梅嶺美術館洽借吳梅嶺作品。拜訪嘉義市第一信用合作社，商借林玉山作品「朱欒」之可能性。拜訪李秋禾之子，討論商借作品事宜。

1995年落成的梅嶺美術館，座落於嘉義縣朴子鎮中正公園內，隸屬嘉義縣立文化中心

李秋禾與其入選第七回台展作品「天星木」(1933)

本館工作人員赴嘉義一信探視林玉山第五回台展無鑑查作品「朱欒」(1931)狀況

3/15 張李德和之女來館拜訪，並告知張李德和「庭前所見」目前之收藏地。

張李德和與其夫婿於嘉義市設「琳瑯山閣」，詩人畫友往來不斷，為日治時期嘉義地區藝文人士重要集會場所

3/16 致電收藏者，洽借潘春源作品。

1909年於台南設立「春源畫室」的府城民間寺廟畫師潘春源，亦為少數曾赴大陸美術學校求學的台灣畫家之一

3/20 經電話聯絡，得知陳進重要作品因狀況較為脆弱而暫不出借。

3/21 拜訪呂鐵州之子，洽借呂鐵州作品，並閱覽呂鐵州所留之資料相片。陳重光先生來訪，同意出借陳澄波東洋畫作品。

呂鐵州與其獲第六回台展特選及台展賞之畫作「蓖麻與軍雞」(1932)

3/22 致電台中大里收藏者，洽借其收藏林之助作品。致電林玉山先生，洽借其自藏作品。致電收藏者，洽借其收藏之林玉山作品。致電許深州先生，洽借作品，並獲知作品「閒日」現今收藏處。致電收藏者，洽借許深州作品「閒日」。致電嘉義李秋禾之子洽借作品。

林玉山與其獲第六回台展特選及台展賞之畫作「甘蔗」(1932)

3/23 再度拜訪周紅綢之媳，閱覽周紅綢所留之資料相片。

台北女子高等學院，為台灣女性於日治時期僅次於台北帝國大學的最高學府。數位入選台展東洋畫部之女學生們，自台北第三高等女學校畢業後即進入高等學院就讀

3/24 拜訪林玉珠女士，探視台展畫稿「河口燈台」並洽借作品。拜訪收藏者，洽借其所收藏之潘春源作品。

林玉珠與其入選第三回府展之畫作「西日」(1940)

2000年台灣東洋畫探源籌展工作日誌

3/25 與嘉義市文化局局長一同拜訪嘉義某禪寺，探視張李德和作品。

張李德和入選第七回台展作品
「庭前所見」(1933)之同尺寸
畫稿

3/27 至台中大雅鄉拜訪林柏壽先生。至台中拜訪林之助先生。拜訪台中市收藏家，洽詢商借其收藏林之助作品「好日」，但此作已答應出借高雄市立美術館展出。

本館籌辦人員前往台中市拜訪甫自美國返台的林之助伉儷

3/28 至苗栗縣通霄鎮拜訪邱金蓮女士並洽借作品。

台北第三高等女學校同窗兼密友的
邱金蓮（左）與周紅綢（右）

3/31 致電黃早早在美國之家屬，獲其同意展出黃早早作品。

4/1 拜訪張李德和之女，洽借張李德和作品及畫稿。

二次大戰後，張李德和仍熱心指導嘉義地區學子學習書畫，成績斐然

4/8 赴日本長野縣拜訪鄉原古統二公子鄉原真琴，洽借鄉原作品。

林館長（右二）與鄉原真琴先生（左一）
洽談鄉原古統作品展出事宜

林館長（後排右一）偕館員與鄉原真琴
先生（後排中者）於鄉原宅前合影

4/10 拜會日本東京千代田區的山種美術館。拜會日本東京藝術大學大學美術館，並參觀「日本畫一百年」展。

甫自東京日本橋遷址至千代田區的山種美術館

日本東京藝術大學大學美術館正展出「日本畫一百年」

4/14 拜訪輔大教授，探視其收藏之台灣東洋畫作品。拜訪林東令之子，探視其收藏並洽借林東令畫稿作品。

林東令與其1961年作品「蝴蝶蘭」

4/17 拜訪輔大教授，洽借其九件收藏作品。

4/19 拜訪張李德和之女，洽借珍貴之藝術家創作合集冊頁。拜訪大稻埕蔡家，洽借木下靜涯及蔡雲巖作品暨畫稿一批。

張李德和「琳瑯墨寶」，為畫家詩人創作合集

蔡雲巖與其入選第七回台展作品「士林之晨」(1933)

4/25 拜訪師大教授，洽借石原紫山作品。

4/28 拜訪收藏者，洽借郭雪湖「薰苑」畫稿。

5/19 拜訪呂汝濤之孫，探視其收藏呂汝濤作品及相關資料。

6/3 「台灣『東洋畫』探源」展記者招待會於上午11時30分在本館一樓大廳舉行，參展藝術家們、林本源中華文化教育基金會代表及媒體皆蒞臨參與盛會。

林玉山先生於展覽記者會上致辭

參展藝術家黃水文（左二）、林東令（左三）、林玉山（左五）、陳慧坤（中）、黃新樓（右三）、林阿琴（右二）與林本源基金會林瀚東董事長（左一）及林館長（右一）於記者會後合影

6/9 本館重新開館暨「台灣『東洋畫』探源」等展覽開幕慶祝酒會，參展藝術家陳慧坤、邱金蓮、林阿琴、林玉珠、黃新樓，以及參展藝術家鄉原古統二公子鄉原真琴與多位借展的收藏者皆蒞臨參與。

北美館重新開館暨開幕酒會貴賓
由左至右：鄉原真琴、邱金蓮、林阿琴、文建會陳郁秀主委、林館長、郭禎祥教授、黃新樓

感謝誌

本展得以順利完成，我們要對下列慷慨提供收藏之機構及個人（順序依姓氏筆劃）
表達誠摯的謝意：

國立臺灣美術館
嘉義縣立文化中心
嘉義縣立文化中心梅嶺美術館
財團法人紀慧能藝術文化基金會
鄉原真琴
王行恭
呂曉帆
李宇宙昆仲
李伯男
李峰男
李焜培
林玉山
林玉珠
林阿琴
林春浩
林焜明
林嘉義
林鶴靖
邱金蓮
許深州
陳重光
陳雅各
張守易
張妙英
張婉英
郭武雄
黃新樓
黃靜山
楊華玉
潘岳雄
蔡嘉光
鄭崇熹

國家圖書館出版品預行編目資料

臺灣東洋畫探源 = The origins of toyoga in
Taiwan / 臺北市立美術館展覽組編輯. -- 初
版. -- 臺北市：北市美術館, 民 89
　　面；　公分

　　ISBN 957-02-6312-1（精裝）. -- ISBN 957-02
-6313-X（平裝）

　　1. 膠彩畫 - 作品集 2. 繪畫 - 臺灣 - 日據
時期（1895-1945）

948.93　　　　　　　　　　　89009340

台灣東洋畫探源

發行人/林曼麗
著作權人/台北市立美術館
編輯/台北市立美術館展覽組
主編/陳淑鈴
策劃編輯/林育淳、雷逸婷
執行編輯/雷逸婷
平面設計/藍文郁
翻譯/魏安德
攝影/杜宗尚、林宗興
發行處/台北市立美術館
　　　　台北市104中山北路三段181號
　　　　電話 (02) 2595-7656
　　　　傳真 (02) 2594-4104
　　　　電子郵件信箱 tfam01@ms2.hinet.net
印刷/歐樂實業股份有限公司
發行日期/二〇〇〇年七月初版
定價/新台幣 一〇〇〇 元

統一編號 031724890081

The Origins of *Toyoga* in Taiwan

Director/ Mun-lee Lin
Publisher/ Taipei Fine Arts Museum
Editor-in-Chief/ Shu-ling Chen
Editors/ Yu-chun Lin, Yi-ting Lei
Graphic Designer/ Wen-yu Lan
Translator/ Andrew Wilson
Photographers/ Dolby Tu, Tzung-hsing Lin
Publisher/ Taipei Fine Arts Museum
　　　　181, Chung-shan N. Road, Sec. 3, Taipei104, Taiwan, ROC
　　　　Tel: (02) 2595-7656
　　　　Fax: (02) 2594-4104
　　　　E-mail: tfam01@ms2.hinet.net
Printer/ Ouleh International Co., Ltd.
Publishing Date/ July 2000. First Edition
Price/ NT$1,000

ISBN 957-02-6312-1（精裝）　　ISBN 957-02-6313-X（平裝）